城市治理

根感經濟

管

就要管得

有道理

Public Affairs Management ABC

柯志昌 教授
吳英明 教授

── 著

公共參與
找到**影響世界**的位置

大學創新

社會企業

區域合作

公共事，你我的事
管好公共事務，迎接全民幸福

目錄｜CONTENTS

推薦序 👔
營造學術、知識、快樂、
希望的公共生活

　　閱讀本書雖不至血脈噴張，但絕對可以擴張境界；它不僅讓您願意與人分工合作，更願主動促成跨域整合；它刺激您以新賞識力來創造多元價值，更讓您找到改變世界的天賦熱情和藍海位置。這本書與樹德科技大學的校訓非常契合；我們努力裝備學生具有「學術」涵養和「知識」實力，能夠與人營造「快樂」的社會生活，並使自己和群體活在活潑的「希望」之中。我們的註冊商標 STU，就是 "Start Transforming Yourself"，願這本書對台灣社會能夠帶來新的轉化與改變。

　　任何一個社會團體、大型企業，到一個家庭組織都需沿著一個中心思想來運作；由這個中心思想的心靈層次（精神面）發展出一種組織文化，由組織文化型塑了組織每一位成員的公共價值觀；由組織成員的價值觀引導出組織發展策略，再由策略中發展出執行步驟，這就是所謂的組織行為脈絡。在處理人類公共事務時，由於來自多重（元）文化，多重（元）價值觀及多重（元）策略；如何整合這些「多重」，形成一種普世價值或規範，而彼此願意共同持守，乃是一件高情操的共同作為。這個共同作為就需要社會成員學習透過多元公共參與，盡責治理公共事務，才有可能達成。

　　如何使公共事務管理得當，這本《管就要管得有道理》書中，從活出公共靈性層次，進而建構五觀心智模式、四種創新創能的價值創造，和 3B 的社會連結行動，並同時刺激反思公共原理原則，也提升管理者的公共分析論述能力。本書提供一系列的闡述，實乃一套完整的思維架構，非常引人入勝。

　　本校英明講座教授從中山大學進入公部門再回到大學，二十多年來經歷了諸多公共行政和公共事務管理的淬鍊，尤其對城市治理和 NPO、NGO 的公民社會組織瞭解甚深。本書結合一位少壯學者柯志昌教授，共同合著本書，其目地無疑是在如此混淆複雜，強調個人本位主義的世代中，成為公民警鐘和公共整備；提醒我們人類莫忘造物主的創造初衷，盡責治理、管理，發揮善良互助的本性，彼此相愛、彼此守望。

　　我國正面臨「少子女化」的衝擊，各級學校都將招生列為首要重點；教育部更將各級學校的註冊率列為評比，來決定核定的招生人數之際。如何著眼區域合作和區域人力資源發展的實踐，讓台灣高等教育的能量輸出，可以成為鄰近國家的祝福；彼此截長補短共創區域利益，此書實有多重啟示，非常值得參考。

樹德科技大學校長

朱元祥

推薦序 🎏

有趣易讀，
啟動公共靈性的威力之作！

　　《管就要管得有道理》開宗明義揭示，面對無法推諉的治理責任，管就要管得有道理！要管得有道理，就從找到自己的使命、位置出發！公共靈性就是這股正直的關鍵力量，其正直的影響力，足以成為民主社會的發酵體，是公共事務管理的正直關鍵力量！

　　本書由兩位具深厚公共事務領域專研背景、豐富公共事務管理實務參與，及推動經驗的作者所寫，是一本強調心靈力量的公共事務管理著作，內容有血有肉、有信念有實相，兼具理論與實務，在輕鬆的論述節奏及具體案例中，從公共靈性、公共事務管理者的五觀心智、四管創能、社會資源建構運用的 3B 連結，到公共事務管理的公共原理、公共再造、方法論、基礎分析工具、趨勢發展，對根感經濟、社會企業、區域合作、大學創新、城市治理皆有深入淺出的論述，不僅可作為公共事務管理專業教科書，也讓社會大眾能以最快的速度，了解公共事務管理的現代精神。

　　這是一本從書名《管就要管得有道理》就可看出來，十分活潑機巧的公共事務管理著作，以輕鬆的標題，最新的及廣受關注的案例，準確展現及討論嚴肅的議題和內容。如：

「公共質感」才能真正提升生活品質

便利商店，國寶級的台灣創新

城市學習世界大站——捷運美麗島站

建立 PAM 領導權威

國境之南，黯然失色的墾丁春吶

薪資回不去？年輕人的 22K 緊箍咒

網路崛起與公共領域新生態……

　　這本書，值得分享推薦給想要了解公共事務、關心全民幸福、啟動內行人／外行人公共靈性的威力之作！

國立臺東大學公共與
文化事務學系教授兼人文學院院長

李玉芬

推薦序 💬

我們的未來，不是夢

中國文化之儒家思想自孔孟以降，向來只強調「五倫」關係，著重於教導人民五倫之倫常與修為；對於「五倫」以外涉及「群己」關係與「人社」關係之「公共領域」則甚少先哲文獻從事更深層之哲理探討。本書的出版正好補充中國文化中社會倫常探索之缺失，書中反應出社會上對普遍充斥之公共領域「搭便車」現象，顯得無能為力，企盼建立更宏觀超越「五倫」之社會倫理與常規。

本書作者嘗試從國人較為陌生的「公共領域」進行深入淺出的事理觀察與分析，企圖引領讀者從「準第六倫」領地踏入「公共治理」的世界，從如何感知「公共靈性」，體驗「公共質感」的思想啟迪；從「社會變革」到「社會創新」的實踐；從「根感經濟」到「跨域治理」的理論建構，一步步不著痕跡的構築「公共參與」的行動步驟。

作者期待讀者們能從中學習建立正確的「心智模式」，從而窺見「公共事務管理」之全貌；重建「公共領域」之治理新界線，引導學術社群更從容自信的走入「公共治理」之殿堂，找到影響世界的位置。公共事務管理者除了需要有「遠見」外，尤需具備有「創新力」、「執行力」與「感動力」，閱讀本書足以見證作者多年親歷公共事務，成功執行「公共治理」的深厚底蘊與功力。

「城市是大學的校園，大學是城市的宇宙」是吳英明講座教授擔任高雄市立空大校長時之治理名言。經過他對大學創新治理的實踐，成功營造城市社區大學之新校園文化與大學特色，重新定位大學與城市之連動關係，再次見證公共事務管理應用於城市治理與大學治理之可應用性與可實踐性。經由以上公共治理經驗之延伸，相

信不久的將來，高雄捷運的發展不僅是奇妙相遇的空間，更是促成城市美事發生的公共場域；「社區是大學的實驗室，大學是社區的心靈生活館」將不再遙不可及。在高雄，根植社區培力在地之「社會企業」發展，由社區搭起的城市「根經濟」將創造高雄成為世界的櫥窗（Window to the World）；這些都不再是空談，我們的未來不是夢！

本書取名《管就要管得有道理》是作者的另一項創意。蓋因管理工作之複雜與困難在於公私領域的本質差異及其事理發展的動態性，私領域的成功管理經驗應用於公共領域不一定成功，政府部門的管理效率不一定符合公共利益，也不完全吻合政府組織的課責性與社會公平性。

今日表現的公共績效不一定就符合明日之績效目標，特別是公共課題還存在「今世代」與「未來世代」間之世代公平正義，所以要「管得有道理」就變得是更重要的概念，這個道理要符合今世代的公共利益，更不能犧牲「未來世代」的公共利益。綜觀今日政府決策產生諸多的「政府失靈」、「政策失敗」或「公共選擇的錯誤」已不可勝數；如何領會其中道理，尤其是作為「公共事務」之管理者需要深思之課題，本書為讀者開了一扇窗。

中山大學公共事務管理研究所教授
中山大學行政副校長
高雄捷運股份有限公司董事長（2010~2012）

吳濟華

推薦序 ▊▊
喚醒公共革命的行動綱領

　　捧讀由吳 P 與柯 P 合撰的「管就是要管得有道理」一書，內心充滿喜悅與感動，因為它不只是一本教科書，也是一本革命行動綱領，它的企圖心，是要把社會動員起來，完成一場公共革命。

　　君不見，本書從頭到尾都「寄希望於市民」，而非政府，因為他們堅信政府是由人民組成，人民動起來，政府不能不隨之連動，公民社會於焉形成。其次，本書努力宣揚的是「從我到我們」理念，因為「我」的力量渺小，「我們」的力量無窮；「我」的視角短淺，「我們」的眼光壯闊。

　　第三，本書按部就班、苦口婆心地希望藉由改變「觀念」（五觀心智），進而改變「方法」（四管創能），使浸讀此書的讀者可以「從心動到行動」，挽手、攙臂的興起鏈結建造（3B 連結）。

　　最後，兩位作者也殷殷提醒：建構公共的未來，少不了因勢利導、借力使力，務要乘著全球化、民主化、現代化、後現代、都市化與網路化等新浪潮鼓勇前進，但更要儆醒所有的陷阱與悖論，方能一舉得城。

台灣醒報社長兼總編輯

林意玲

推薦序

曠野呼聲，回歸靈魂深處

　　台灣社會需要新的願景、價值、目標與信仰，《管就要管得有道理》這本書的問世，適時提供管理學的方法論，孕育公共政策領域的思考空間，期許每個人成為具有獨立思考能力的公共知識份子。

　　如同舊約聖經的曠野呼聲，直指人性的是非、善惡、對錯、公正與否的核心概念；讀後使人回到靈魂的深處，探討生命的意義，在獨特的處境下，進行品質的躍升，從而化為道德的行動。

歷史學者
廣播節目主持人
電視政論家

胡忠信

推薦序 ▊▊

喚醒公共靈性，
才能過好生活

　　對於一位二十多年來只想過好自己生活的我來說，從來不知道自己被造物主賦予了治理的榮譽和責任，更無法理解這一切都和我的生活習習相關，直到被本書作者吳英明講座教授喚醒我的「公共靈性」之後，才明白其實我從來沒把生活過好。

　　本書以深入淺出的章節把「公共」融入您心中，讓您可以明白為何用盡全力想好好過生活卻總有顆不圓滿的心，不論您目前的身份為何？讀完本書能讓您找到自己影響世界的位置，開啟您心中那股單純正直的關鍵力量。

　　認識吳英明教授，是我一生中最奇妙的相遇；在高雄捷運美麗島站經營「美麗島會廊」（Formosa MICE Corridor），是我人生中最特別的經歷。在高雄捷運草創初期營運，透過吳英明教授的指導，進駐在這個城市的心臟： 高雄捷運美麗島站，翻轉城市的世界大站。放眼全世界的地鐵或鐵道系統，有一個在城市指標性的地方，創造這麼多奇妙的相遇空間，而這也是我與「公共」發生關係的起點。

　　本書中認為社會創業的精神可被視為民間及企業團隊，願意透過網絡治理、價值鏈管理及協力夥伴關係，與公部門共創共贏的賽局。美麗島會廊是由高雄市立空中大學、高雄捷運股份有限公司與美麗島會廊股份有限公司三方合作的計劃，透過「美麗島會廊」的設立，一方面帶給觀光客對高雄不同的城市印象，二方面也為高雄

市民打造了終身學習的場域及城市創能的平台。「美麗島會廊」期許自己能成為豐富這個城市的社會企業和城市見學;也希望帶動更多有志從事社會企業的青年,一起活出「公共靈性」,透過各種協力夥伴關係,共同參與社會建造工程。

高雄捷運美麗島站美麗島會廊總經理

涂凱茜

推薦序 ▼▼

願公共靈性與你同在，
打通社會創業任督二脈

　　本書從公共靈性的角度出發，開啟了一個新的公共事務管理論述。作者結合了若干學科領域的論述，並以自身從事公共事務多年的經驗提出了「公共事務管理543」，包括五觀心智、四管創能以及組織經營管理的3B連結。這一套「公共事務管理543」的論述，不僅值得從事公共事務的領導者學習，也應做為社會企業家養成的必讀教材。

　　社會企業是一種以解決社會問題、社區利益為前提所設立的組織。我們團隊在這幾年有幸參與了幾個社會企業的創業陪伴。在這個過程中，我們和輔導團隊時常圍繞在「先經濟後社會」亦或「先社會後經濟」的思維中討論與思辨。在拜讀完本書後，我們認知到「先經濟後社會」的作法，可能會因過度重視財務指標而在初期就將格局作小；而「先社會後經濟」的作法，很可能因過度執著於社會問題本身而忽略可透過跨界合作與網絡治理，來解決能量不足的窘境。因此，這一套「公共事務管理543」的心法，將有助於打通社會企業的任督二脈，使其能大幅提升其格局與社會服務能量，並擁有創造更多社會資源的力量。

　　在民主社會中，誰的政策最應該被考量，是一個最基本但也是最困難的問題。因此本書的後半段除了談到幾種現代常用到的政策分析工具，也談到政府可透過審議民主，更積極的引導公民參與公共事務。

　　審議民主在台灣首次被廣泛而大型的操作是在二〇〇四年由青輔會所規劃的青年國是會議。筆者有幸在二〇〇四年受訓成為台

灣最早操作審議民主的主持人之一，並實際操作過數次審議會議，親身體會到公民在審議民主環境中以追求共善的精神進行討論、凝具共識，透過尊重少數意見，取得彼此之間的最大公約數的過程。雖然審議民主並非有效率的政策溝通工具，但當重大爭議發生時，在正反資訊透明公開的情況下，仍不失為一個尋求共識的好工具。

最後，本書也針對台灣近年來的網路民主發展提出其看法。

就現況而言，台灣的網際網路已經成為一個日趨成熟的公共領域。不論是已成為世界第三大國的臉書、充滿在地鄉民文化的PTT，亦或筆者於二〇〇六年所創立的「台灣公民連署平台」，以及後來的「市長給問嗎？」等網路平台，都可以在短時間內累積出強大的發聲能量。然而，我們終究是活在實體的世界中，要讓實體世界變得更好，我們還是必需讓這些虛擬世界的力量與聲音走進實體世界，積極參與公共事務，甚至透過參政的方式，進入傳統的代議政治系統促成立法，帶來更大規模的改變。二〇一六年的台灣國會大換血與台灣的第三次政黨輪替大致上可以看得出這樣的公民力量脈絡。

星際大戰這部電影有一句給絕地武士們的經典祝福——「願原力與你同在」。對每一位想讓台灣變得更好的社會創業家，「願公共靈性與你同在」，「打通社會創業任督二脈」。

城市創意發展顧問有限公司執行長
台灣公民連署平台創辦人

陳柏守

在地公民，帶動社會改變的創革者
「國際反貪」和「在地廉潔」的連結

　　本書從倡論公共靈性出發，建構公共事務管理者的心智地圖，從而運用至公共事務在城市治理、區域合作、大學創新、社會企業、根感經濟等五大面向；這些面向也是本書作者吳教授過去二十幾年一直在學術界與實務界倡議與實踐的理念和作為。本人有幸經常聽到他念茲在茲分享最多的「地方管理」、「社會資本」與「終身學習」，也在本書中隨處可見。

　　「地方管理」指的是在一個地理區域內，居民藉著協力連結在地資產（建物、文化、財政、人文、自然、政治與社會），用以改善他們城市與地理區域的生活。「社會資本」的功能在於協助區域性的廣納輸入來增進其平衡的發展，讓城市和區域有更多的跨域協力，以及更強盛的永續力與全球競爭力。「終身學習」內造協力型的城市與區域生活，它滾動在地居民提供志願服務和促進知識分享。地方管理、社會資本、與終身學習等三者與本書的五大面向一樣，其「載體」必然是在地居民，居民因賦能而成為積極行動的公民，改變才有可能發生，這也是國際透明組織在發展過程中的見證。

　　國際透明組織（Transparency International，簡稱 TI）在一九九三年創立之初，當時反貪腐議題不算是職場的工作領域或全球議題趨勢，且倡議本身具有一定的危險和禁忌。但這些特徵卻反而吸引了一批具有公共靈性的年輕人全心的投入，有的人因開發貪腐指標與衡量而成為世界級專家，這些指標先有 CPI（全球清廉印象指數）、而後發展 BPI（海外行賄指數）和 GCB（全球貪腐趨勢指數）等，以此作為提高覺醒與思辯的倡議方法，並且與許多政府、組織、大

學和公司合作的結果，終於使得貪腐議題進入全球舞台。

國際透明組織發展十年之後，其第一任執行長 Jeremy Pope 和研究部主任 Fredrik Galtung 為了從衡量貪腐的指標和每年公布的評比結果，期望更進一步採取更直接公民賦能的途徑來創造不一樣的情勢。兩位於二〇〇三年在倫敦另外成立了「廉潔行動組織」（開始稱為 Tiri，二〇一二年九月二十四日更名為 Integrity Action，簡稱 IA）；Pope 全力投入到二〇〇五年後交給 Fredrik（理事長兼執行長），之後就發展出一系列能確保在地反貪腐可行的關鍵策略。

IA 的廉潔理念和 TI 的反貪腐理念大致上一樣，但對於策略行動方面卻有所不同。Fredrik Galtung 從新界定「反貪腐」工作，將由上而下的控制轉為在社區層次由下而上的廉潔提升，並且一改以懲治遏止貪腐的假設，轉而以透過協力合作（Collaboration）來解決問題，而不是採用抓人或模仿成功的改革案例來改變治理的體系以遏止貪腐。

IA 的目標明顯地從「反貪腐」轉變成為「廉潔」行動、強調在地公民成為創革者（Changemaker）或社會企業家、最終目標是建立一個「由下而上」的在地廉潔文化，讓公民與受益者主動而透明地促使政府與各級機關能問責。為達成上述目標，IA 組織採取三個主要的策略行動：第一個策略為建立 Community Integrity Building（簡稱 CIB）的方法論，強調實質行動的執行，尤其是透過「協力伙伴關係」、「在地問題解決」、與「能量建立」，讓在地社區經驗到正向的改變，從而提升處理貪腐的自我效能感。

這個於二〇〇六年所發展出來的 CIB 方法論，讓在地居民能擔負起處理在地廉正問題，其中最主要是在「實質而具體方案」的基礎上（Project-based）。首先，IA 慎選在地可靠的 NGO 作為夥伴，支助其找出在地需求，並圖示主要利害關係人並且深入當地的社區之中，去追蹤這些方案執行。接著 IA 先訓練在地 NGO 的員工和種子師資，再由 NGO 進一步甄選與訓練在地的「社區廉潔偵查員

（Community Integrity Monitors）」，類似台灣台北市的公民記者、全民督工這類機制，讓他們蒐集資料與證據以作為「公共覺察」之用。

在 CIB 方法論的執行過程中，IA 主要使用二種的配套工具。第一種為「DevelopmentCheck」系統網站：先讓社區廉潔偵查員所蒐集資料與證據，經過一個品質保證委員會驗證後，上網進行資料儲存、上傳與分享；接著這些社區廉潔偵查員進一步結合地方機關、廠商和方案受益者，形成「聯合工作小組（Joining Working Group），一起審視與確認由專家所提的創意方案、以及根據證據與社區需求，發出一些平衡的主張與倡議。在聯合工作小組中所要傳達的，是針對進行的方案所浪費的資源、施工不良的道路、建築所產生的問題進行解決，而不是要去究責誰。換句話說，其主要訴求的策略核心本身在於解決問題（Fix a Problem），不是要將誰繩之以法。

CIB 方法論執行的第二種配套工具為「Fix-Rate」。Fix-Rate 是一個影響評估工具，用來衡量廉潔工作方案的效能，其原則是凸顯廉潔與解決（Fix），而不是貪腐與失靈。其調查方案的主要對象為利害關係人，分析其對問題解決方案的滿意度，透過長期追蹤這些方案的具體成效，會讓資助者或政府看得到具體成果，以便獲得持續的資助與支持。

IA 組織採取的第二種策略行動，成為培訓未來世代的廉潔倡議領袖。IA 在三十個以上國家建立夥伴機構（包括了中國、俄羅斯、巴基斯坦等國家），主要是支持在地的老師發展與從事在地系絡（在地 NGO、教育單位）的廉潔教育，尋找未來年輕世代可能的 Integrity Champions（廉潔熱忱的勇士）。在其成立的第二年，就與匈牙利布達佩斯的中歐大學共同創立開設夏季學苑（Summer School），針對戰後國家或開發中國家的人民提供免費的培訓機會，提升全球各地人民的廉潔教育，從而建立廉潔教育網（Integrity Education Network）。

IA 組織的第三個策略為拉近資助者、執行者（廠商、政府）、

受益者三者之間的意見循環，強調溝通的連結，受益者的意見必須要讓資助者知道，而資助者和受益者的意見也要讓中間執行者瞭解。而這些意見甚至能夠成為當地工程服務品質的一個標準。這種強調利用「反饋」機制，讓這些方案的資助者、執行者和受益者，能夠建立溝通的連結。

總結 IA 組織所建立的 CIB 方法論，共可歸納五個步驟，第一個步驟為「Context Sensitivity（環境的敏感度）」，例如像進入到阿富汗這個國家中，必須針對其政治、經濟、社會情勢具有高度的敏感性與瞭解，才能繼續進行下一步驟；第二個步驟為「Joint Learning（共同學習）」上述提到的聯合工作小組，就是強調這種共學的概念；第三個步驟為「Evidence Base（證據的基礎來源）」；第四個步驟為「Constructive Engagement（證建設性接觸）」；最後一個步驟為「Closing the Loop（拉近循環）」。上述五個步驟所建立起來的一個循環是整個 IA 的工作指南。看起概念架構很簡單，但 IA 就是不斷重複這五個步驟和融入在地的情勢，讓 CIB 方法論迄今在全球運作得相當成功。

上述國際倡廉反貪運動演化的過程，指出了「在地公民是帶動社會改變的創革者（Changemaker）」若要能成就，需要具備幾個要件：首先在地公民必須是個終身學習者，在不斷充能中累積帶動改變的能量；其次，集體形成社會改變的方向，才能共創美好未來；最後也是最重要的是達成上述目標的方法論，沒有設計良好的流程與有效的執行策略，也只能徒嘆行百里半九十。因此，《管就要管得有道理：公共參與，找到影響世界的位置》一書的出版，若從幫助市民參與公共事務，成為帶動社會改變的創革者的教戰手冊來看，就顯得格外具有公民賦權的意義和重要性。

世新大學教授
台灣透明組織理事長

黃榮護

推薦序

公共領域的反思

　　本書展現作者在公共事務領域的多元實踐和深刻反思；其中，最令人讚賞興奮的是作者以公共靈性、公共信仰、公共參與、公共再造和共同家園闡述公共事務的現在與未來。

　　公共事務管理雖是以人為本，且向人民負責；但是，管理公共事務需要有人味神采的公共靈性，才能將心比心、苦民所苦，落實公民社會。本書是公共事務管理者的必讀精彩本。

資深公共評論家
前台北市議員

楊實秋

推薦序 ▼▼

領袖們，活出正直精彩的影響力

閱讀吳英明教授和柯志昌教授合著的《管就要管得有道理》，令我耳目一新。在與吳教授認識的二十幾年當中，他一直是我的良師益友；從早年在普遍賄選不以為恥的政治環境中，孤獨的推動反賄選不賣票的運動，一路走來他對公共事務的投入以及創見，是我學習的榜樣。

本書的特殊之處，不單單提供公共事務管理的理念與方法論，更是釜底抽薪的面對公共事務最核心的問題——「人性」和「神采」。我很喜歡書中所討論的公共靈性，唯有從上帝的創造所要帶給人的尊榮來看人的問題，才能真正找到公共事務的出路和活路。

我誠摯的建議各界的領袖們都要讀這本書。它所觸及的治理寬度和深度，非常值得我們細細體會實踐。尤其是教會領袖們，因著教會與社會對話的必要性，因著宣教工作的對焦性，我們應該更精準的掌握公共議題的核心價值、關鍵力量和策略行動。

精讀本書，可以帶來很大的啟發，很活潑的正直力量。

高雄福氣教會主任牧師

楊錫儒

推薦序

掌握公共論述的關鍵力量，
提供具穿透力的獨到見解！

本書精彩建構「公共靈性的 5 觀心智、4 管創能及 3B 連結」，成為公共領域的正直關鍵力量；獨特論述以公共靈性作為推動公共事務及提升生活品質的要素；提供每一個人找到自己參與公共事務的支點，影響這個世界；也對關心城市治理、大學創新、區域合作、社會企業、根感經濟的公共事務管理者，提供具穿透力的獨到見解。

財團法人船舶暨海洋產業研發中心董事長
國立臺東大學校長（2012.2~2016.1）

劉金源

自序 ▮▮
活出人味神采的正直偉大，
融入東南亞區域的公共生活

公共靈性，活出正直的關鍵力量
公共參與，找到影響世界的位置

　　如果你是村里鄰長、志願服務者、文化創意工作者、社會創業者、社團經營者、公務人員、公司企業主管、老師教授社群、或……；這本書將助你改善職場人際關係，更有能量處理日常公共事務，創造人生不同階段的價值意義，活出意想不到的公共影響力。感謝青壯的柯志昌教授願意協力合作出這本書，也謝謝中山大學 106 級政經系學生在初期的撰述學習和文稿整理；也銘感所有推薦人的提點和提攜。我們兩位教授僅以這本書作為二〇一六年的賀禮，獻給正在向上轉化提升的台灣社會。

　　我經常反思想像，台灣人民什麼時候可以很自然的活出偉大，而且可以享受偉大的善果？是如此真實、自然、公共和天賦熱情的，而非虛擬或只是菁英成功。我也經常想像偉大的國家、偉大的城市和偉大的社區，長得什麼樣子，或是表現什麼樣的公民風尚。若偉大只是治理版圖、政治權力、功名成就、菁英領導或宏偉建設；果真如此，那麼羅馬帝國的偉大或貞觀之治的歷史定位又將是如何呢？我最喜歡看到我的同胞、我們的高雄和我們的台灣，確實知道自己在世界的位置，真知道我們是地球村 886 號的村民；我們負有以台灣豐富世界，以城市參與全球治理的絕佳機會和責任；自然活出人味神采的正直偉大，融入東南亞區域的公共生活。

　　其實，蓄意追求偉大，經常是一件非常悲慘的事情。但是，不知道自己可以活出偉大，更是人生巨大的損失。缺乏公共靈性和

公共質感的社會，無法令人尊敬和嚮往，就偉大不起來了。台灣人民什麼時候可以自然的活出公共靈性的公共質感？ 那時，台灣社會就自然開始偉大了。能夠創造、維護和享受公共財富的公民正直感，可讓我們活在自然偉大的公民境界之中，也是使一個社會和國家偉大的正直關鍵力量。

這三十年來，台灣民主化的歷程，已讓世人驚見這個國家是一個偉大的國家。其實，人民的偉大並非產生於努力追求偉大，而是自然正直的活出人味神采出來；就是活出有靈活人的真正人味，及經常使人靈魂甦醒的上帝神采。隨著民主生活的成就，台灣人民已漸漸學會人權皮膚的普世價值、自由民主的公共價值和公共財富的永續價值；這是令我及有識之士經常雀躍不已之事。張文亮教授所著《兄弟相愛撼山河》和《法政捍衛者的憂傷與榮耀》這兩本書，很能表明我的心境。

何時脫離「仰無愧於天，俯無怍於人」的修身自大，人就開始活出謙卑的偉大；何時脫離「積功德、消業障」的計算，人就開始享受自由的力量；何時脫離「有錢判生，沒錢判死」的怨嘆情愫，人就開始勇於表現向善的改革力量；何時脫離「等到賺錢，就可以做偉大的事」的條件約束，人就開始隨時隨地活出具典範價值的感染力。

公共靈性真的是一種讓社會自由釋放的正直關鍵力量，這種公民社會的「正直感」（Integrity），散發出一種讓社會在小地方就可以享受到公平正義的美感和實踐；讓社會在關鍵的時刻，自然冒出一種想要向上提升和激勵人心的矯正力量。關鍵的力量不在於形成權力多數結盟的「關鍵少數」，而在於以真理信念甦醒公民靈魂的一種公共價值喚醒力。

二〇一六年的台灣國會，雖已有絕對多數的執政黨，但關鍵的力量不在於國會席位的多寡，而在於國會中存有正直護衛真理價值的導正力量。未來的國會必然會遇見道德、倫理和價值衝突的政策

選擇；那已經不是倡議大小聲的問題，或社會潮流趨勢的問題；而是確保人味神采、家庭婚姻價值、人類健康安全和人類永續發展的抉擇。散發公民正直感的公共靈性，將是護衛社會高標準價值體系的關鍵力量。

　　本書內容主要包括城市治理、區域合作、大學創新、社會企業和根感經濟等五大面向的活潑論述；以培養公共事務管理者的「五觀心智」、「四管創能」和「3B連結」為能量主軸；釐清公共原理、公共再造在不同生活場域的應對運用；並介紹跨學科領域及簡易分析工具，強化讀者的公共論述能力。

　　未來，台灣人民要開始學習活出東南亞社會一份子的公共生活；東南亞區域將是台灣人民一日生活圈的遠距範圍。台灣與菲律賓是如此的緊鄰、共存於相同海域的兩個民主國家；我們樂見「台菲新生活」的開始。期待「台菲大學創新合作方式」和「台灣新住民的5T培力運動」，將帶動城鎮交流、青年創業和公民社會的強連結，而成為營造東南亞公民社會的時代力量。

　　本書是常民參與公共事務管理的絕佳基本款讀本，它將擴張我們的境界，激勵我們願意與人跨域合作，強化我們公共論述的力量，儆醒公共生活的陷阱，善於創造在地社會的多元價值，知道自己影響世界的位置。當我們在公共生活當中能夠警醒謹慎、散播感動力、營造共同體的時候，那將是我們共同生活的美好境界和享受。願意以此書獻給所有公共事務管理者，讓我們一起以人味神采活出莫名偉大的公共影響力。

樹德科技大學講座教授

吳英明

自序

在公共事務管理中的凝視與眺望

　　榮幸與提攜是能夠與吳英明教授合著這本書的真實心情寫照。在我的求學時光中，吳教授在二〇〇〇年之前的兩本大作《市民社會與地球村》與《公私部門協力關係之研究：兼論公私部門聯合開發與都市發展》為我開啟了一扇窗，對我影響極深。這兩本書讓我深刻感受到吳教授是一位誠摯的市民社會經營者和生活者，他總是把握機會將臺灣對他的感動實踐出來，並且充滿了對市民力量和民間潛能的期待；同時也深信人類必須以協力共贏賽局的眼光和佈局來共同從事社會的經營，在我的心中埋下一顆種子，開啟了公共事務管理之眼。

　　近年，公民運動風起雲湧。從核廢料貯存場設置、國光石化案、臺東美麗灣渡假村 BOT 案、苗栗大埔事件、洪仲丘事件、318太陽花學運、反高中課綱微調運動到各種第三勢力黨團成立，涉及到土地正義、居住正義、環境正義、程序正義，展現「公民不服從」，我們的社會逐漸打破冷漠的高牆，走向高度參與的道路。古希臘哲學家柏拉圖（Plato）曾說：「對公共事務冷感的代價，就是被糟糕的領導者統治。」這句話，被認為是公民覺醒的最佳註解。公共事務的管理反映一種社會反思、心智邏輯、公民參與和共同願景的融合；表現一種由公共靈性醞釀的正直領導力和自由創造力；找到自己影響世界的位置，共同參與社會建造工程。

　　我很喜歡日本作家城山三郎的小說《官僚之夏》（官僚たちの夏，かんりょうたちのなつ），當中描繪了戰後日本通產省的官員，他們做事無止境無定量讓人印象深刻。書中主角「通產省先生」的經濟官僚一風越信吾的感慨：「身為公務員，若只能眼睜睜看著無

力的人民含淚入睡，哪裡還需要政治與行政！」此話語對照近年發生在臺灣的各式公民運動，宛如重重一擊，留滯在心頭！

「老師，究竟什麼是公共事務？」「公共的意義何在？又該如何管理？」「我為什麼要聽你的？」年輕學子經常這樣問我，相信這是每一位公共事務管理者（PAM）必然要面對的提問；公共事務絕對不是在比誰的「音量、肺活量甚至是拳頭」的大小。我們處於多元的「公共」環境，受到各種的「公共」約制；我們努力爭取優質的「公共」服務；渴望彰顯民主的「公共」價值。

因此，PAM 想要表現優質的領導力，就必須要學習優質的說服力，而這種說服力，絕對不是口才的訓練而已，而是思維、論述、分析方法的條理和可驗證性。空泛的口號，令人厭煩；有學理、有系統、有因果關係的思辨陳述，終究使人信服。方法論的學習，就是幫助 PAM 能夠得到 PAM —— 優先支持（Priority）、更具權威（Authority）與圓融成熟（Maturity），產生論述的力量。

在這本書中，我們可以學習如何在公共中參與管理「公共事務」，散發「公共質感」的社會魅力，確保「公共」更豐富永續。在這當中需要一種「社會智商」，是一種「你我一起融合共榮的能力；是一種公共的、溫暖的、敏銳的和創造性的社會觀察力和互動力」，而此種能力智商的養成，將是每位地球公民共同努力的目標與重要資產。

國立臺東大學公共與文化事務學系
副教授兼系主任

柯志昌

為什麼公共靈性
對我們很重要？

最美的成就是，找到自己的天賦、熱情與世界
位置。

找到位置的方式，並非一時的氣氛感動，而是明
白由天賦，熱情所醞釀出的人生使命——屬於人
的公共靈性。

導言　　　　　

　　人類與動物最大的不同是，我們懂得創造精密複雜的「公共社
會」；彼此糾纏影響，誰也無法真正一個人獨自生活。

　　公共資源提供各種服務，但是永遠有前提——唯賴提升公共靈
性，取之社會，用之社會。

▌我們可以獨善其身嗎？

　　人類與動物最大的不同是，我們懂得創造精密複雜的「公共社
會」；彼此糾纏影響，誰也無法真正一個人獨自生活。

　　我們可以自己一個人煮飯、買東西、逛街、旅行，生活不成問
題。但是仔細想想，這些服務背後，是多少人所建構出來的？若沒
有眾人的力量，可能還是過著原始生活。

　　沒有誰，可以真的獨善其身。

　　公共資源提供各種服務，但是永遠有前提——唯賴提升公共靈
性，取之社會，用之社會。生活在這個美麗世界，造物主賦予「人
類」而非「動物」治理的榮譽和責任；人若不願意承擔任何治理的
責任，那麼婚姻、家庭、社會、國家和職場，就會失去秩序、倫理

而導致腐朽崩壞。

　　既然必須投入社會，無法逃避管理的責任，就必須學習管得有道理；以公共靈性管出正直美麗，以社會創業精神創啟服務善工，以公民參與行動共同建造公共領域。公共事務的管理，在於釋放社會生命力，透過各種協力夥伴關係建造大社會；而非停格於政府善治，或治理績效為導向的管理活動。

　　近年，公民運動風起雲湧。從三一八學運、巢運、反課綱，到各種第三勢力黨團成立，我們的社會逐漸打破冷漠的高牆，走向高度參與公共事務管理的道路。

　　公共事務的管理，反映一種社會反思、心智邏輯、公民參與和共同願景的融合；表現一種由公共靈性醞釀的正直領導力和自由創造力；讓人們找到自己影響世界的位置，共同參與社會建造工程。

公共靈性的六大力量：

1、墊高專業的能力
2、擴充知識的張力
3、醞釀人際的魅力
4、營造改變的動力
5、提升城市競爭力
6、發酵出創能神力

近年來台灣公民運動大事記		
時間	運動名稱與訴求	結果
1990 年 3 月 16 日至 3 月 22 日	野百合學運	在該次學生運動後，時任總統的李登輝在 1991 年廢除《動員戡亂時期臨時條款》，並結束「萬年國會」的運作，台灣的民主化進入新階段。
2013 年 7 月	洪仲丘事件	本案經被告等上訴最高法院，目前審理中。
2010 年至 2014 年 1 月	大埔事件	2014 年 1 月 3 日臺中高等行政法院更一審宣判，判決張藥房等四拆遷戶勝訴。
2014 年 3 月 18 日	太陽花學運	學生於 2014 年 4 月 10 日撤出議場。
2015 年 5 月 24 日至 2015 年 8 月 6 日	反高中課綱微調運動	談判失敗，教育部仍未撤回該微調案。

「最大的悲劇不是壞人的囂張，而是好人的沉默。」
——美國民權領袖金恩（Martin Luther King）

　　對公共事務默不關心，就喪失了改變的機會。為什麼我們需要昂揚公共靈性的公民參與呢？因為，公民參與讓人一生充滿感人事蹟，到年老的時候，每天仍有新鮮故事，城市更因你而活潑、偉大。

為弭平種族隔離帶來的傷害，諾貝爾和平獎得主南非屠圖主教（Desmond Mpilo Tutu）疾呼「沒有寬恕，沒有未來」。面對政客戲班小丑的投機行為，出身美國大學校長的美國總統威爾遜（Woodrow Wilson，1913-1921）正直名言「典範比勝選重要」。

最好的成就是，找到自己的天賦熱情與世界位置。

有的人很熱情的服務別人，但從來不知道自己的天賦使命和影響世界的位置。若要將公共事務管得有道理，絕對不是一時熱情的氣氛就能達成，而是明白由天賦熱情所醞釀出的人生使命。做為一個人，各有不同天賦使命：照顧家庭孩子、競爭求生存、追求實現夢想和想要改造社會；上述就是每一個人的治理責任 DNA，糾葛存在於我們的思想、夢想、理想和行動裡。

本書目的不在於告訴你「人是什麼」，而在喚醒靈魂活出公共靈性；一種最正直偉大的關鍵力量，使自己、家人、社會、城市甚至地球村民同時蒙福。**人活著，必須展現生命的熱情和使命；既然要管，就要管得有道理，成為正直、可愛、偉大的人。**

▌誰還記得，選舉的初衷？

一九九〇年代，台灣正處於從威權政體轉向民主政體的關鍵時刻，也引爆社會改造運動的蓬勃發展。台灣在這個時期，每年幾乎都有中央或地方民意代表的選舉，當時賄選風氣十分盛行，似乎只要有錢買票就能當選。

有識之士認為，乾淨選舉就成為選賢與能、良性政黨競爭，和正直公平社會發展的前提。

為了推動公平、公正、公開的民主選舉，「高雄市基督徒整全福音見證社」[註1] 一群牧師、專業人士和學者基督徒在高雄連續兩年發起了「至於我和我家不賣票」（一九九一）和「愛家園反賄選」（一九九二）的反賄選社會運動，並引起台灣各界重新正視賄選的

嚴重性，和乾淨選舉的迫切性。後來，「中華民國道德重整協會」結合此股力量及其他公民社會組織，從一九九三年起，在全國串聯展開「乾淨選舉救台灣」的社會運動。

回顧那段時期，相關選舉活動的法規和規範並不健全，政府究辦買票行為的作為也不積極，台灣社會對乾淨選舉普遍持著悲觀，與莫可奈何的宿命。就是這一群高雄人，不是為了社會運動，卻引爆了「乾淨選舉救台灣」的社會運動。

當時，在每一位發起人和參與者的心中，都有一種單純正直的關鍵因子；雖然表面上並非「多數」，但卻是導正社會最正直的公共靈性力量。當時發起人的想法，就是民主選舉需要有貞操觀念，任何候選人與公民間的買賣票行為，其嚴重性如同踐踏出賣自己的貞操一樣，其後果將嚴重影響民主政治品質和公共生活品質。

▼「高雄市基督徒整全福音見證社」一九九一年舉辦「至於我和我家不賣票」活動貼紙

註 1
「高雄市基督徒整全福音見證社」由一群基督徒的專業人士於一九九〇年代初期在高雄組成；堅信耶穌基督的福音是完整的、全人的和全能的；不只是滿足人的靈性生活，而是更新一個人使其作光作鹽，活出喜樂、盼望和得勝的生命，也成為社會的祝福。當時這個自主性的乾淨選舉活動，主要由陳伊仁、劉進展、楊錫儒、林敏澤、林子超、張瑞仁、葉汶、姚立明、吳英明等人，並結合相關民間社團合作推動。

▼「高雄市基督徒整全福音見證社」一九九一年舉辦「至於我和我家不賣票」活動貼紙

▌反貪，是全人類的事——國際透明組織的反貪腐運動

　　幾位台灣學者於二○○一年前往巴西聖保羅，參加由美國民主基金會（National Endowment For Democracy）支持推動的世界民主大會。大會中來自台灣中山大學的教授有機會認識「國際透明組織」（Transparence International）的創始人 Peter Eigen 律師；彼此分享如何透過反貪腐的公民社會運動、陽光法案立法和國家正直體系，來鞏固民主，使人民真正享受自由民主的善果。

　　Peter Eigen 身為一個德國人也是一位律師，一生追求自由民主、人權至上，和公平正義的公共價值；但他同時也在世界各地從事或協助國際貿易的事務。當他到一個較不自由、不透明的國家做生意時，他經常面臨巨大壓力和受到百般引誘。做生意搶訂單的當下，似乎也必須抉擇，是否屈服於很多不透明，且違反公平正義行賄的交際應酬。簡言之，就是必須扭曲自己正直的人格和品格。

　　很多人在面臨這種壓力和引誘時，有時會百般無奈的選擇屈服；因為若不入境隨俗或隨波逐流，就拿不到訂單、做不成生意，甚至失去市場，這是何等的兩難。對 Peter Eigen 這位德國律師而言，他認為任何不透明的貪腐行賄和交際應酬行為，已經嚴重造成不公平的國際競爭，和資源分配正義問題，這實在完全違背自由民主的價值和正直品格。

因此，他內心產生一種想要扭轉這種局面的神聖使命感，於是立志推動世界性的反貪腐聖戰，為一個更透明、正直的國際社會互動而戰。

Peter Eigen 深刻明白自己只不過是一位律師，但是那種想為世界社會做一件美麗事情的公共靈性，卻在他日常生活當中發酵，竟然號召一群人共同創啟「國際透明組織」（International Transparence，TI）的神奇力量。沉浸在 Peter Eigen 這種公共靈性的感召之中，台灣透明組織（Transparence Taiwan）註2 在多位教授鍥而不捨的努力下，正式於二○○三年創立。

台灣透明組織在台灣民主治理，和國家正直體系發展的演進中，發揮重要的公民社會教育，和透明治理工具研發的功能；也在台灣的民主鞏固時期，注入最正直、活潑的國際監督力量。

公共靈性就是一種「最正直的關鍵力量」，它會讓一群人發酵出對公共領域的責任感，以及豐富的感知力和行動力。

註2

陳敏賢、洪墩謨、楊文全、林炳坤、李福登和吳英明等高雄有識人士，於一九九七年四月二十六日創立具國際非政府組織性質的「財團法人亞太公共事務論壇基金會」（Asia Pacific Public Affairs Forum；APPAF）；其重要成就之一，為台灣接軌兩個非常重要的國際非政府組織：「台灣國際志願服務交流協會」（IAVE Taiwan，二○○一）和「台灣透明組織」（Transparence Taiwan，二○○三）。其中「台灣透明組織」的創立，歸功於林水波、黃榮護、余致力、陳敦源、黃東益和吳英明等教授的努力，和世新大學的協助，得於二○○三年九月二十八日在台北成立；並推選施能傑教授為首任理事長，余致力教授任秘書長。

國際反貪腐運動		
年代	事件	國家
2015 年 1 月 29 日	民間組織舉行全國性反貪污遊行	巴拿馬
2015 年 3 月 15 日	大規模遊行示威反貪	巴西
2015 年 8 月 10 日	大規模反貪污遊行	埃及
2015 年 8 月 16 日	獨立反貪運動	印度
2015 年 9 月 2 日	國際反貪大會	馬來西亞

＊部分數據資料參考自《天下雜誌》。

我應該關心的公共事：
當吃不安全、住不正義，我們如何能沉默？

二〇一三至二〇一四年，台灣一連串的食品安全問題，令人民非常憤怒並延伸出所謂的「滅頂行動」。全國上下非常痛恨這種因政府無能、企業黑心和門神政治人物的共生關係，而造成了生命安全及社會安定的侵蝕。這種憤怒至今未熄，也引發了二〇一四年選舉執政黨崩盤的政治效應。二〇一五年，台灣更發生了令人民非常詬病的「軍宅買賣套利」資源掠奪行為，也發酵成為二〇一六年，執政黨總統和國會雙輸的可能原因之一。

眷村改建，本是為了與榮民軍眷共同追求社會公義，而由全民買單的社會福利和公共服務行為。其目的，就是讓居住在眷村的合法住戶或違建戶，均能夠享有居住正

義和生活品質。

但是，因為眷村改建政策及配售屋（眷村合法住戶依建價打折出售）／價售屋（眷村違建住戶依實際建價出售）分配買賣規定和執行失當，而造成軍宅房仲業者、國防部相關執行人員及不動產投機客，形成了一種軍宅買賣套利的共生系統。

他們善用法律規避眷戶買賣閉鎖期，及其他相關規範，而發展出一種特殊的軍宅不動產買賣操作行為。這不僅迫使眷村改建配售戶／價售戶中的弱勢者，在弱勢困境中竟因買賣而悔恨失去保障；這完全違反了眷村改建公平正義原則，更使全民利益受損。

這在台灣社會掀起了重新檢討軍眷改建政策，及調查軍宅改建配售黑洞等問題，引爆改造國民黨黃復興黨部的巨大壓力，帶動榮民的覺醒，迫使台灣正視轉型正義的各種議題。

　　回顧上述事件，「乾淨選舉救台灣」、「國際透明組織反貪腐行動」、「黑心食品及滅頂行動」和「軍宅買賣套利道德瑕疵行為」，讓人民有喜悅鼓舞，也有傷心憤怒；但也提升了人民對多元公共事務的敏感度、關注力和參與感。正因為人民想要奪回那種流失中的公平正義生活。

　　沒有誰只是一個人生活，我們都活在「公共」之中，共同面對無可推諉的治理責任。

第一節

我關切的，不只是我

社會的公共領域裡，關切的不只是「我」的生命，更重要的是，生命與生命之間的和諧連結。

每個人都有權利，用合乎自我的方式，享受人生；然而，這是建立在實踐公共價值的基礎上。

個人自由，體現在優質的「社會智商」和「公共靈性」上，兩者將為組織（公司）創造正直新動能和獲利新模式。

▍為何他們如此吸引人？

未來社會所期待的人才，應具備什麼樣的「公共」舉止和品味呢？最吸引客戶、同事、鄰居、選民和大眾的社會魅力是什麼？最令社會大眾信任的公司、組織或品牌，應堅持的公共價值和價值行銷是什麼？

不管是惹人喜愛的（Loveable），或者是令人仰慕惹愛的（Adorable），其言行舉止有一種自然吸引人的靈性魅力，不管是超強的人味、飄逸的神采、韌性的美感、生活的美學，或是責任的美德；以上這些都有可能。

每個人都有權利，用合乎自我的方式，享受人生；然而，這是建立在實踐公共價值的基礎上。

每一個人都有不同屬性的公共領域生活，不管是公務生涯、專案團隊、職場競爭、社團領導、里鄰生活、大樓管理、社區營造、城市治理、志工服務、典禮活動、社會企業或社會福利等，我們都無法逃避，其他公共網絡參與者的品頭論足。

社會的公共領域裡，關切的不只是「我」的生命，更重要的是，生命與生命之間的和諧連結。

▌最正直的關鍵力量

這是人的獨特之處：唯獨人懂得善與惡的意義，
公正與不公正的涵義，以及其他評價方式。——亞里斯多德

人類的進步，來自反抗，我們每反抗一次，文明就改變一些。而這股改變的動力，來自內心正直的關鍵力量。

公民美學重要的特質，就是公民的正直感（Integrity）。他讓人心中產生一種秩序、紀律、倫理和美化的向上力量。公共靈性的流露，使一個人對自己的非分之想，或他人的需要有所警覺，並在公共生活當中，追求公平正義的生活方式。

「關鍵力量」代表著公民的正直感，在價值混淆需要澄清的關鍵時刻，挺身而出。公共靈性並非在勢均力敵的雙方選邊站時左右影響，而是一種在關鍵時刻所產生的決定性翻轉力量。

這個社會到處都是「公共」的天下，**只要我們還與他人為伴，人與人之間的矛盾衝突，就無法從生活中避免。**

「公共」有其不可侵犯的領域、市場性賣點、正當性影響力，和價值性發酵魅力。若不知應對「公共」，或是故意忽視「公共」，你都將為自己、公司、社團、單位和家族帶來無比的損害，甚至導

致極大的災難。

更嚴重的是，政府雖有責任保護公共利益和提供公共財富；但國家受到資本主義，和市場經濟體制的影響，**公共領域的神聖性已遭到破壞，成為各種「為自己利益」發聲和爭權者的競技場。**人民若稍微不留意，原本屬於大家的公共領域，就會被利益競逐者鯨吞蠶食，或是瓜分佔據。

個人自由，體現在優質的「社會智商」和「公共靈性」上，兩者將為組織（公司）創造正直新動能和獲利新模式。

一個人再怎麼想要自私宅活，他仍深處於「公共」之中，無法脫離。因此，讓我們謙虛的培養公共靈性、表現公民品味、享受公共生活吧，下列的描述，將令人對公共靈性的正直影響力，有更深刻的體會：

我應該關心的公共事：
從我，到我們的社會

＊我們處於多元的「公共」環境，例如公共空間、公共設施、公共交通、公共安全、公共衛生、網際網路等。這些「公共環境」的良窳，嚴重影響生活品質、投資意願和城市競爭力；同時也考驗城市及社區危機處理的能力，以及經歷重創的復原力。當人民互相尊重及主動積極參與時，這些多元的公共環境的維護成本自然降低，其使用品質就會令人滿意，整個社會就正直、可愛起來了。

＊我們受到多樣的「公共」制約，例如法律、制度、標準、指標、行規、公約、道德、輿論、傳統、習俗、祖靈等。這些「公共制約」的現代感和約束力程度，重新建構／解構生活秩序、生產效率和社會創新；任何陷於迷信和部落

臣子般的公共約制，將嚴重限制、綑綁，甚至敗壞社會生命力；不能與時俱進的法令規章，將使公共治理陷於混亂。當人民面對多樣的公共制約，若能夠保持一種心靈自由、行為透明，和心智現代的正直感，這將使社會生活正直、可愛起來。

＊我們爭取優質的「公共」服務，例如水電煤氣、郵電氣象、高鐵捷運、消防通訊、全民健保、長期照護、行動上網、喘息服務等。這些「公共服務」的多元輸送效能，將提升生活便利性、安全感和滿意度。若人民願意自發性及友善性的參與優質公共服務的生產和輸送，這將使公共生活品質更具有社區互助及完備安全感。

＊我們渴望民主的「公共」價值，例如公平、公正、公開、公義、自由、平等、人權、透明等。這些「公共價值」的民主實踐，將使人民生活有尊嚴和保障。任何一個人不會在自己脆弱的時候，找不到幫助或成為別人的災難，也不會在自己強壯的時候，想要侵略踐踏別人，或能不受監督約制的任意而為。這種民主的公共價值，使人民心靈和公民參與，顯得格外正直有活力。

＊全球化（Globalization）趨勢影響「公共事務管理」，公共治理應認清「超界跨域」生「公共」，「多元社會」生「事務」，和「資源整合」生「管理」的本質和邏輯。任何一個邁向永續發展的組織和城市，其領導階層都需要展現出一種賞識、詮釋、參與，和經營公共事務的能力和魅力。我們應學習在各種「公共領域」中管理「公共事務」，積極透過社會創業解決公共問題，散發具有「公共靈性」的社會魅力，確保「公共」更加豐富永續。

認識由「公共」所建構的世界，並自然活出正直可愛的偉大。你可以在每天生活中展現天賦和熱情，透過公民參與的行動，豐富公共領域，給予職場朋友和社區鄰居更多的禮貌和善意，並願意護守多元公共價值，和同享公共財富。

培養管得有道理的能力，以「社會智商」和「公共靈性」，深刻認識由「公共」所建構的世界，使我們在人際和職場的互動中，展現「公共質感」的特殊魅力，並活出世界性的典範及影響力。

第二節
「公共」
永是世界社會的共同議題

社會應該會出現各式衝突與議題，因為每個人都帶著獨特的情感，來到這世界。

社會的議題都是公共議題，因為我們並非一個人獨自對話；我們可以團結行動、互助合作，而保有獨立的思考性。

生活在社會當中，必須要反思公共、建構公共和豐富公共。現代社會生活中的任何事物，都與「公共」的世界共振。

▋我們生活在「超界、跨域、連動的世界網絡」

這是一個超音速、超連結、跨科際、跨行業、跨領域、跨文化和跨國界的網絡（Network）時代。超界、跨域、連動，構成每日生活必須面對的公共網絡。這不僅需要我們擴張思想和行動的境界，以新的賞識力，創造新的介面，整合和營造新的夥伴關係，更需要以公共創新的社會觀察力和互動力，來解決問題和創造價值。

社會應該會出現各式衝突與議題，因為每個人都帶著獨特的情感，來到這世界。

　　我們需要面對「**永續韌性環境的共同議程**」。傳統「環境保護與經濟發展取得平衡」的想法、論述和作法，已經完全失靈。

　　如今，唯有永續的環境，才能確保永續的經濟。為了人類安全和共同未來，永續環境（Sustainable Environment）和韌性城市（Resilient City）已經成為經濟、政治、文化、社會、城市、國家、區域，乃至全人類發展的共同議程。縱使我們對永續環境的詮釋標準、行動準則和價值判斷，會有區域性和階段性的不同，但「有永續才有未來」和「復原力強的社會」，已成為面對氣候變遷，和全球暖化的新整備。

▋ 在地根經濟的社會創業

　　社會的議題都是公共議題，因為我們並非一個人獨自對話；我們可以團結行動、互助合作，而保有獨立的思考性。

　　面對全球化（Globalization）趨勢的矛盾與困境，唯有活化「在地根經濟」，才能避免經濟安全的流失，和經濟活力的枯萎，在地生活才有可能免受全球市場經濟的侵蝕剝削，使充斥的社會問題不至於更加惡化。在地的創新實踐，愈具有抓地質感和文創特色，就愈能夠抵擋並轉化全球化帶來的負面摧殘。

　　缺乏在地特色、在地優勢，和在地經濟的根感活力，就沒有解決在地問題的能量。

　　社會創業（Social Entrepreneuring）及社會企業（Social Enterprise）具有很強的解決公共問題、創造永續資源、展現在地連結，和轉化社會價值的導向；創業，不再是以利潤成本，和投資報酬率（Return of Investment，ROI）為導向的市場經濟行為，而是以社會投資報酬率（Social Return of Investmen，SROI）及社會改造，為導向的社會創業行為。從 ROI 到 SROI 的演化，並非要我們放棄對資源的管理行為，而是讓我們更清楚的看到，對價值創造的定義和計算，已經超越了原本的土地、資本，和勞動力的成本計算方法。

「透過社會創業活化在地根經濟」的行動，非常需要在地社區和社群領導者的自覺與矯正行動。

生活在社會當中，必須要反思公共、建構公共和豐富公共。現代社會生活中的任何事物，都與「公共」的世界共振。

▌我們需要建立「親密的公民關係」

面對全球化連動的各種風險、衝突和不確定性，高支持性的生活網絡和社區行動，成為被高度渴望的公共資產。在地社區的自發性和友善性行動，已成為經營共同生活的必需品。

任何掠奪性和剝削性的經濟活動和社會行為，將使公平正義大量流失，日常生活將淪為不同災難輪流發生的現場。**唯有摒除優越感，和排他性的資源掠奪行為，發展親密的公民關係，才能真正經營共融關係，共同面對現代社會的各種挑戰。**

第三節
「公共質感」
才能真正提升生活品質

　　我們為何要放棄部分自由，成全眾人的自由？因為，社群生活的力量與便利，大大提升了生活品質。

　　要維持美好的生活品質，必須培養「公共質感」；其所散發的不僅是精神、素養和品味，更是責任、能力和行動的魅力。

▋培養高質感的公共素養

　　什麼樣的社會性格，會迫使我們的生活品質降低？大多數人脫口而出的，不外乎「冷漠自私」、「沒有公德心」、「不公不義」、「缺乏愛心」和「沒有同理心」等。若想根本改善這些問題，就必須先培養自己「經營共同生活」的「社會智商」和「公共靈性」。

　　我們為何要放棄部分自由，成全眾人的自由？因為，社群生活的力量與便利，大大提升了生活品質。

　　「社會智商」，是一種「我們在公共生活中共存共榮的能力；是一種溫暖、敏銳、創造性的社會觀察力和互動力」。「公共靈性」是一種「行公義、好憐憫、關心公共福祉，及守望社會的生命熱情和自由心靈」。若我們的社會普遍缺乏「社會智商」和「公共靈性」，

個人的公共生活品質將受到嚴重損害；缺乏「公共質感」的社會，將失去永續發展的正直動力和魅力。

要維持美好的生活品質，必須培養「公共質感」；其所散發的不僅是精神、素養和品味，更是責任、能力和行動的魅力。

具有濃厚「公共質感」的生活，與香味濃郁的咖啡一樣令人神往著迷嗎？其實，我們努力賺錢、存錢、花錢、捐錢，甚至費盡心機地洗錢，不外乎是想要享有更充裕的資源，和更美好的生活。《聖經》有言，「人若賺得全世界而喪失生命，有什麼意義呢？」

反觀自己，縱使我們擁有很多的個人財富，若鄰居沒有公德心、社區公共設施不佳、社會沒有公平正義、國家不尊重公民人權等；上述都將使生活嚴重缺乏安全感和成就感，進而讓我們無法真正享受個人所擁有的財富。

縱使一個人再怎麼冷漠、自私和自以為義，每個人在不同的生活向度，仍對「公共質感」具有高度的需求和渴望。

公平自由的政經制度、正義伸張的獨立執法、公民參與的社會治理、完善便利的公共設施、公共安全的社區生活、城市美學的公共空間等，這些都能夠為我們的生活帶來更豐沛的「公共質感」不是嗎？為了更美好的生活，我們不僅需要認真勤勉地工作，更需要積極培能「社會智商」和「公共靈性」，打造一個具有「公共質感」的社會。

人際互動，需要社會智商和公共靈性作為發酵體。英文 Person（人）這個單詞的拉丁文原意是「聲音的互通」。一個人的成長過程，就是需要學習與其他人，透過聲音互動表達想法、意見、主張、意志、知識、信息、經驗、情感等。

「人際互動」是社會的、社群的、社區的和社交的；在人際互動中，若能表現具「社會智商」和「公共靈性」質感的公共精神、

公民素養、公民美學、公民關懷、公民參與，這將增加我們經營共同生活的動能和魅力。

人活著的目的，雖不是為了討每一個人的喜歡，但人際互動的確需要有令人愉悅舒服的感覺。「討人喜歡」實在很累，但「令人愉悅」可以很簡單。若從人際互動中觀察反思，那些「自私自利」、「自我自義」或「自哀自憐」的「自活族」，經常面臨離群索居和公共疏離的窘境。

即使是屬於「孤立自主」或「個體自足」的「宅活族」，其生活也需要尋求公共領域的資源和支援。共同生活中的「自我管理」和「自主獨立」，並非古諺「自掃門前雪」的獨善其身，而是一種互負責任，且使他人愉悅獲益的人際互動。

「自活族」及「宅活族」再怎麼樣過「自己的生活」，也經常需要踏入「他人領域」及「公共領域」之中，不是嗎？那麼，對每個人的人際關係而言，共同生活的「公同約定」就很重要；但什麼樣的智商靈性，才能讓「公同約定」產生美麗的效果呢？

「公同約定」有多元的表現方式，例如，憲政體制、民主制度、社會共識、生活公約、契約盟約、城市願景、社區精神等；但這些「公共約定」，若無「社會智商」和「公共靈性」的浸透和發酵，公共生活仍將充滿紛爭與混亂。

人有一種非常自然的渴望，那就是「被愛」、「被尊重」、「被看見」、「被體諒」和「被信任」；這些渴望很難在缺乏「公共質感」的人際互動中被充分滿足。「互不侵犯」、「涇渭分明」、「劃清界線」，或「明哲保身」的思維和作法，已無法在現代社會生活中使人悠然自得。

我們需要學習讓「社會智商」和「公共靈性」發酵提升自我管理和人際互動。假若一個社群中的成員們，缺乏對彼此的認同與接納，不願互負責任與相互尊重，那麼共同生活的「公同約定」，就

會變得形式空洞，且沒有約束力和凝聚力。所有的人際互動，需要學習以「社會智商」和「公共靈性」作為最美的「發酵體」，來詮釋和經營公共生活中「公同約定」。

這個社會不僅到處都是「公共」，且每一個人都很自私的期待別人多「公共」一點；因為我們深知，當很多個「別人」其公共靈性低落時，我們就會很快的淪為無辜的受害者。

▌陌生社會，期待著親密的公民關係

隨著公民社會崛起，人民普遍期待國家和政府，不合宜干預性行動受到限制；社會才能釋放出更多元的治理活力。在民主社會生活中，我們不再是「部落臣子」，也不再渴望活在「愛民如子」或「親民愛民」的領袖情愫中。

一個合格的公民，必須謙卑的認識自己，有主人的尊貴感和公共治理的責任感。我們透過參與公共事務，學習成為一位有治理能力，且正直、可愛的公民主人。

公共生活，需要公民的參與和互動。現今社會瀰漫一種「陌生人社會」的矜持；陌生人之間已經不認識了，要如何營造彼此信任感，而親密互動呢？因為，我們從不覺得陌生人和自己有什麼「關係」；因此，每個人的生活將「自我要求」的私德標準「普遍化」，而無「公民道德」的約束和感動。

「私我主義」的泛濫，對於提升公共生活的品質無濟於事。群體生活的社會，若缺乏公共質感，那麼個人所在意的自我成長，也將會面臨挑戰或遭遇極限。「公共」的部分發育健全，社會才會富足；公共質感發育良好，社會才會更美好。

國家權力受限後留下的空間，必須由公民社會來填充，否則社會就會空洞化；孕育公民社會的「社會智商」和「公共靈性」，乃是最寶貴的社會資本。

親密的公民關係，是陌生人之間關係的公民化、公共質感化。

造物主是公平的，如同《聖經》所言：「日頭照好人，也照歹人；降雨給義人，也給不義的人。」我們無法杜絕社會中「搭便車」的現象；唯有抱持「我願意與你經營共同生活」的公共靈性信念，才能相互支持，用愛和信任溫暖互動。雖然我們每天必需面對很多陌生人，「公共靈性」仍可以讓我們期待親密的公民關係。

第四節
保有我獨特的價值——
「公共靈性」

我們擁有不可取代的獨特價值；而社會，是為了保護人類的獨特而存在。

群居的社會中，我們仍得保有獨立思考，培養聰穎、善解人意、得體詮釋事務和脫俗品味人生，這就是「公共靈性」。

穩定的社會，不在於捨棄自我，而是時刻將最根本的公益，擺在第一位。

▌靈性任務，活出「真正的人」

我們擁有不可取代的獨特價值；而社會，是為了保護人類的獨特而存在。

聖本篤修道院古倫神父認為，領導是一種「靈性任務」，企業應有「聖地靈性」；一種能夠喚醒生命和願景，所驅動的領導風格和組織文化。他詮釋「靈性」並非超脫現實的逃離，反而是一種充滿智慧評論事物的藝術，並且能夠依照上帝原本創造的心意和樣式，來看待每一件事物（Grun，吳信如譯，2008）。

「聖地」是一種心靈狀態而非地方，就是能夠使人可以活出勇氣、尊嚴，因愛而愉悅、復甦和充滿靈感，心靈因而活躍起來。共享願景，可以創造出有「公共靈性」的團隊，讓團隊成員共享一種美好未來的驅動力，才能整合不同的恩賜與熱情。願景源於倫理與宗教價值的影響，能正確回應人們的心靈渴望，而對公共領域產生的一種「神聖的不滿足感」。

因此，願景就帶來了美好盼望，和熱情行動的驅動力。簡言之，「公共靈性」是生命成熟、人際互動、專業服務、職涯發展、企業成長和社會發展過程中，被渴望和期待的表現，它是一種神奇的魅力和能力。

人之所以被稱為萬物之靈，乃是因為人是按照上帝的形象造的，而成為有靈的活人，這是何等尊貴，也是何等平等；也因為如此，**不分種族膚色、社經地位和身體狀況，我們都平等享有基本人權。**

除了「人是有靈的活人」以外，《聖經》更超乎想像的記載，耶穌是「使人活的靈」。《聖經》中又記載，上帝是個靈，因此敬拜祂需要用心靈和誠實。一位有靈的活人，若能活在使人活的靈當中，這似乎才有可能活出「靈性生命」和「靈性成長」。邪靈使人窒息、恐懼、敗壞和死亡；聖靈可以使人活出良善和自由。靈性的表現，就是心裡自然湧流出自重的尊貴、互敬的平等，和正直的誠實等人味神采的特質。

《聖經》又有記載，聖靈是保惠師，帶來保護、安慰和引領；真理的靈在哪裡，哪裡就得有自由。因此，「自由人生」與「真理聖靈」應是強聯結的。生活若沒有可驗證的道理和不變的真理，那麼就無法得著自由的人生，或只是表現脫離凡俗之修身養性而已。因此，靈性表現為一種對真理的渴慕和順服，並享受護慰和引領的安全感，且不受束縛綑綁的真自由。

簡言之，靈性的表現，不僅是一種聰穎善解的人際應對，它更

是一種體貼聖靈的引領保護、熱情服事和生命自由。但自由也需要軌道的引領和規範；**火車不能對軌道說：「我不需要你！」因為沒有軌道，火車是無法自由行動的**；正如人的生命的確需要紀律和管教。靈性令人流露自由喜樂，使人擺脫律法主義、神祕主義、物質主義、自戀主義及苦修主義的各種陷阱和綑綁。

▌公共靈性，驅動世界的善工

群居的社會中，我們仍得保有獨立思考，培養聰穎善解人意、得體詮釋事務，和脫俗品味人生，這就是「公共靈性」。

「公共靈性」，是公共事務管理最正直關鍵的力量。首先，公共是一種奇妙相遇的自由空間、不能藏為己有的資源，及無法變為私有的豐富。因此，公共就是一種良善生活中的自由空間、同享資源和共創豐富。浩瀚宇宙是全世界最偉大的公共；基本人權是人際社會最平等的公共；城市品牌是市民間最驕傲的公共等。

「公共靈性」，就是一種良善的人際關懷敏銳度；社會資源整合的賞識力；治理管理公共領域的驅動力；和經營共同生活成為他人祝福的責任感。這種「公共靈性」很自然的在職場競爭和人際關係中，分泌出人味、神采、韌性和犧牲的吸引力和創造力。

人們在公共靈性的驅動中，比較容易孕育美麗的善工，展開跨領域整合、中長期規劃、永續性發展、典範追求，和忍耐孤獨等積極偉大的行動。

有人這麼說：「眼睛所看到的都是公共」，這是什麼意思呢？難道說我眼睛看到你家，所以你家就是公共嗎？既然是公共，所以就能夠共同使用，是這樣嗎？務實而言，我們是無法做這樣的詮釋。

這個「公共」的譬喻，不能停格於共同使用的概念，而是表達視野所及之處，是我們可以共創及必須共同維護的公共景觀。這對城市景觀和社區生活品質，會產生巨大的影響。

因此，我們必須要留意居家擺設、活動設施和建築景觀，對公共領域所造成的影響。譬如說，我們彼此對面而居，你家就是我家的景觀，而我家也是你家的景觀；所以我家的長相如何，對街廓景觀和社區美化絕對會有影響，也會直接影響到鄰居的視覺。

社區營造、街廓景觀、城市美學、環境教育、社會創新和文化經濟等，這些不同面向的發展，都需要公共靈性的深化。

▌公共靈性，活出「真正的人」和「正直的人」

穩定的社會不在於捨棄自我，而是時刻將最根本的公益，擺在第一位。

民主社會的生活，公共靈性使公民間更能友善性、自發性和自主性的參與社會治理，共同解決公共的問題，並盡責成為一個有治理能力的主人。日常社區生活中，公共靈性使社區認同、守望相助和志工服務，更加緊密連結發酵。

從社會創新的角度而言，公共靈性發酵驅動我們，表現一種突破和超越現狀的神聖不滿足感；一種能夠為公共領域創造更多元價值的使命願景。社會創新，就需要生活反思、尋找介面、跨域整合、網絡治理、共贏模式和價值領導。

「整合性創新」強調，善用內鍵資源，而做自明性的優勢轉化；「創新性整合」，則表現跨領域價值鏈管理，和多元價值創造。

不管是「整合性創新」或「創新性整合」，都需要高質感的公共靈性做發酵性的驅動、引領和支撐；如此，偉大夢想才能成真，公共領域才會豐富。

「公共靈性」使人活出「真正的人」和「正直的人」。公共靈性使一個人不至於只為私有財富而活，更使一個社會不至於只成為財富積累的載體。

面對永續發展、韌性城市和共同未來等普世性緊急議題，公共靈性才能更溫柔、堅毅，和超越的轉化人性野心、社群本位和國家自利。公共靈性不在於使人優越和高雅，而使人能夠活出「鹽光的生命」（Living As Salt And Light）。

《聖經》記載一個非常棒的比喻，耶穌教導跟隨祂的人，要在世上做鹽、做光。

仔細想像和體驗，鹽溶解後可調味和防腐保鮮，食物中若缺乏鹽，不僅無法提出料理的鮮美，更讓人食之無味；而光則是照亮一切、使人溫暖、消毒殺菌和產生能量，生命中若缺少光，眼前將陷入一片淒冷黑暗。

因此，就公共生活而言，人若是能夠發揮鹽的功能，在社會中犧牲及相互調和，發揮光的功效，在社會中成為仁慈行動，和公平正義的亮點；這正是公共靈性的具體表現。這樣的公共靈性，顯現出人的尊貴、平等和天賦使命，並為此而可愛、正直、偉大。

總而言之，靈性的表現就是心裡有尊貴、平等和正直的自信心；進而體貼聖靈的自由喜樂。公共靈性就是一種驅動光鹽功效，具有創新超越的賞識力和熱情行動。

公共靈性具備一種在公共領域創造可能的神奇感知及發酵力量，墊高了專業能力、擴充了知識張力、修護了人際魅力、營造了改變動力、提升了城鄉競爭力，並發酵活出創能神力。

Chapter 2

關心公共的思考路徑

民主的基礎是自由，因此，人類歷史出現了如此
複雜矛盾的社會。

如果，希望擁有一個更加成熟、智慧的社會，唯
一能做的就是，從公共的角度思考。

導言

「公共原理」，並非只是一種學術的邏輯與論述，而是公共價值在不同領域學科的基本實踐準則。

▌理性心智，是人才養成的基礎

人是有限的（Limited），僅具有限理性（Bounded Rationality）；但人又被喻為可以潛力無窮，典藏尚待開發的無限潛能。

為什麼人才資本，是一個組織最重要的資本呢？因為，**有好的人才和人力資源，這個組織就擁有更多的發展潛能。**

因此，一個有限的人，怎麼讓其針對一個議題不僅有「中心概念」的想法，且能夠更周延、周全的連結、鏈接和聯想「相關概念」，並展現更高的分析力、創造力和整合力；這不是每一個人都夢想的嗎？

「心智地圖」（Mind Map），正是一種以非線性或輻射型的圖解方式，來導引連結各種靈感、點子、想法和概念；誘發一個人表現更全方位，及整合性的思維路徑、靈感觸角、概念架構和邏輯系

絡。總而言之，心智地圖就是一種針對主題／議題關連資訊的認知體系圖；它可以滾動思考、誘發創意、表達思維和輔助分析。

公共事務管理，有其「公共」意涵的中心概念，和「公共」實踐的相關行動。「公共」在心智模式中的表現方式，在組織價值創造的介面整合，在社會資源創造的關係連結，各有其多元的論述和實踐，值得我們探索。

「公共原理」，並非只是一種學術的邏輯與論述，而是公共價值在不同領域學科的基本實踐準則。在我們日常生活領域中，「公共原理」的運用，和「公共再造」運動，實在是一種無限延伸的社會運動，無時不在的糾葛每一個人、每一個城市，和每一個事件間的互動。

「心智地圖」，可以幫助一個組織團隊探索議題的全貌，能夠看清事件發展的可能軌道，更進而發現心智活動帶來的無限寶藏。因此，心智地圖也被喻為心智活動的尋寶圖，可以培養公共事務管理者，表現更統合性的思考論述和價值創造。

「心智模式」為什麼必須改變？因為心智改變了，想法就不同了，出路也不一樣了。人類生活的「空間感」，已從平面到立體，進而到好幾個視覺維度（Dimensions）；「速度感」從 3G 到 4G 的快節奏演進；「方便性」已從「移動城市」（Mobile City）進化到「無所不在城市」（Ubiquitous City）的本質；「人際感」從真實接觸到虛擬情境畫面的遠近互動；「世界觀」從國際社會演進到全球社會，引出完全不同的世界互動方式。

這些事實都迫使我們必須明白，活潑的心智將影響處世應變的格局，也一定程度影響到結局。因此，本章以心智地圖（Mind Map）解析公共事務管理者，應有之思維途徑、概念連結和創新模式。

第一節
公共參與，
找到影響世界的位置

　　每個人能夠從公共參與中，找到自己影響世界的位置，也驅動了奉獻，及豐富世界社會的天賦熱情。

　　領導力不再只是權威的表現，而是能夠喚醒人心的心智模式和創新論述。

　　面對無法推諉的治理責任和新治理觀時代，公共事務管理者（Public Affairs Manager，PAM）必須重建「治理心智」和「治理能力」。健康的心智模式，充滿活潑的整合性創造力，以及表現包容性超強的吸引力。

　　管就要管得有「道理」，其重點不在於熱心的「管」，而是要管得有「道理」。要管出一套「道理」，不是那麼簡單；因為，「道理」不是個人處世的經驗，或言之成理的偏執，乃是一種受真理光照和約束的運作原理，具有提昇人類文明，和守護普世共享的價值。

　　每個人能夠從公共參與中，找到自己影響世界的位置，也驅動了奉獻，及豐富世界社會的天賦熱情。管得有道理，讓每一個人從多元公共參與中，驅動自己的天賦熱情，發現自己影響世界的位置，

成為一位有治理能力的公民社會主人。

「超界跨域」生「公共」，「多元社會」生「事務」，和「資源整合」生「管理」，**全球化超界、跨域和連動的本質，造成「跨」的必然；公共事務管理的活動本質，展現「超界跨域」、「多元社會」和「資源整合」。**

任何一個邁向永續發展的組織和城市，其領導階層都需要展現出一種賞識、詮釋、參與，和經營公共事務的能力和魅力。

我們應學習在「公共」生活中，參與管理「公共事務」，散發具有「公共靈性」的社會魅力，確保「公共」更加豐富永續。面對這個「跨」的時代，生活中需要表現出「跨」的心智和「跨」的能力，否則個人或組織所自我期望的成就，將難以實現。

宏觀而言，任何一種類型的公共事務，都一樣面臨「跨」的現實和影響；更重要的是，公共事務領導者必須明白，世界社會各種趨勢發展，所產生「跨」的全觀影響（GloNaCal Impacts）本質。

理解公共，管得有理
「跨」疆界的社會事實

＊國際化（Internationalization）的潮流中，「跨」代表著國際無疆界，通用性的標準化生產流程及產品規格，去除貿易壁壘的自由化等。在國際社會發展當中，這種「跨」，似乎是一種國家社會互惠的文明善果，如果違反「跨」國界的潮流就是落後，甚至被淘汰。

＊全球化（Globalization）的趨勢當中，「跨」的行為源於各種場域和領域的無止盡擴大，各種非典型的連結方式，無止盡創新重組，各種網絡治理形式的無止盡串聯，

及各種超連結界面的互相鑲嵌。造成了界線的去除、重疊、模糊和虛擬，彼此輕易地侵入對方領域，造成緊密的連動性和無法預警的傷害。

＊民主化（Democratization）的價值追求，「跨」的動力源於人類及民眾對公共價值、公民參與、公共靈性、共同體，和共同未來有相當普世性的渴望和責任。「跨」在民主化的演繹，始於普世性和人本性的價值追求，超越膚色、文化和種族等。

＊現代化（Modernization）社會的演進當中，「跨」的本質超越傳統科技和管理行為，驅動共同未來生活遠見的夢想。現代化管理，已從分工合作、分層負責，到整合創能和價值鏈動。從後現代主義（Post-modernism）的價值主張和生活態樣中觀察，「跨」的社會出現道德價值、專業倫理，及人際界線本質的鬆動、扭曲、混雜或崩解，而產生更多公共治理難題。

＊都市化（Urbanization）的發展和效應而言，城市治理需要更動態，和優質的協力夥伴關係，更跨域協調的城市群合作。但在都市化的同時，人民也經常陷於城鄉失衡、貧富差距、階級對立、社會脆弱，和數位鴻溝當中，造成難以跨越的惡性循環。

「跨」的態樣，在於城鄉生活消費和生活品質，經常顯現公平正義流失弱化，或強烈相對剝奪感，產生各種更高難度的跨越門檻。

▌你不可不知的五觀心智、四管創能、3B 連結

◎「五觀心智」：產生價值驅動的信仰觀、發揮典範張力的世界觀、實踐系統思考的生態觀、創造無限價值的資源觀、締造社會

創新的治理觀。

領導力不再只是權威的表現，而是能夠喚醒人心的心智模式和創新論述。「五觀心智」是公共靈性的總體表現，它啟發我們驅動價值領導，觀察界定自己的世界位置，建構永續的資源網絡，提升系統性的互動能力，和佈局創新的夥伴關係。

公共事務管理者的「五觀心智」，很自然的決定了領導力的境界格局、執行力的資源網絡，和影響力的幅員範圍。健康的五觀心智，將使一個組織對社會資源的創造和應用，有更高位階的佈局能力、更有效的整合加值，和更活絡的夥伴關係，若一個組織缺乏健康的五觀心智，將無法進步。

◎「四管創能」：城市治理、大學創新、區域發展、社會企業和根感經濟，可以透過創新管理、品牌管理、知識管理和價值鏈管理，而創造動能與無限價值和資源。

「四管創能」，是組織創造永續資源的基本功夫；任何一個公私部門組織，和公民社會組織，可以透過「四管創能」來表現良善治理（Good Governance）和社會創新（Social Innovation）。

「四管創能」也可以幫助 CSO、NPO 及 NGO，從慈善性的、功德性的、服務性的，或公益性的基本訴求中脫穎而出，讓自己更有趨勢領導、價值創造、政策論述，和感動社會的實質能力。從公共事務管理的角度而言，「四管創能」讓我們真正能夠以在地豐富世界，並讓世界因在地，而有更多的驚奇和啟發。

◎「3B 連結」：Bonding 散播願景感動、Bridging 表現架橋能力，和 Building 善於佈局聯盟。

社會連結幫助我們找到自己的位置，也讓連結者創造出超乎所求所想的價值和影響力。面對組織創能的時代，組織的經營管理必須善於「跨域合作」、「網絡治理」和「社群創能」。

組織需要發揮 3B 的連結：

「Bonding」：散播願景感動。這是一個講求品牌管理，及感動力管理的時代，任何一個 CSO、NPO 及 NGO 都必須學習，在其會員管理、顧客管理、利害相關人管理及社會形象管理，能夠散播感動力和營造共同體。組織發展的願景，必須表現敏感度及同理心，正面連結人民的生活感受和生活需要；如此，才能在眾多的公共事務中，贏得共鳴、關注與支持。

「Bridging」：表現介面整合的架橋能力。這是一個打破疆界、找尋介面、整合介面，和創造價值的時代。社會上發生的每一件事情和每一個活動，與自己的組織必然產生強連結，及弱連結的關係；因此，每一個組織都必須學習，在其組織使命、關心議題，和社會行動中，表現連結架橋的能力。

「Bridging」的意義在於了解，這是一個超界跨域連動的社會，任何一種使命、事件或活動，均有其可與其他社會團體互嵌的介面，也必能引動相同天賦熱情的繫屬。只要介面連結得宜，就能創造充足資源。

「Building」：善於佈局聯盟。任何一個 CSO、NPO 及 NGO必須要培養戰略佈局，及策略規劃的能力，認知自己的優勢，邀約夥伴佈置共贏賽局。因此，「Building」就是一種總體佈局、策略行動、協力關係、創新商業模式，和資源網絡的建構。從「網絡治理」的運作而言，任何一位參與者應抱持專業謙虛的態度，表現去本位化、去中心化的心態，願意跨域合作建構夥伴關係；如此，才能建構資源及支援的網絡。

綜上所言，「五觀心智」、「四管創能」與「3B 連結」的心智能力，將使一個組織提升社會服務能量，和創造社會資源的力量。

第二節
公共再造，
為社會做件美麗的事

「公共再造」不在編織未來發展，而在守護日常生活品質。

在公共領域活出偉大，將比以前更自然、更簡單容易。

「公共」的內涵有其普世性的多元，它可以是大眾的、群眾的、人民的、公用的、公家的、公約的、共同的或共通的。在多元公共的民主生活基礎上，公民生活格外豐富多彩。

「公共」既然具有如此多元屬性；因此，也惟有透過多元的公共治理機制才能落實；並在多元的「公共」生活中，產生「令人民滿意」、「向人民負責」和「受人民監督」的多元績效。

▌公共性連結各領域

其實，當「公共」與其它名詞連結的時候，就會產生不同的專業領域和學科，進而轉化其管理內涵、運用原則和實踐行為。因此，公共事務管理的「公共原理」，所探討的就是多元公共價值，在相關領域（Sphere/Domain）和學科（Discipline）的實踐方式。任何一個學科有其「公共原理」的中心概念，並和其它相關連學科的「公共原理」產生鏈接。

「公共再造」不在於編織未來發展，而在於守護日常生活品質。

全球化帶來矛盾、危機和機會；它的影響和破壞程度，是全面性的超界跨域連動。「公共再造」在於創造一個具有高支持性、高公共財、高協力夥伴關係的生活環境、永續發展和共同未來；人不可以再活於高捧公共價值的催眠當中，而應是享受多元公共價值的日常實踐。

人民沒有辦法再等很久或走很遠，去享受公共價值所帶來的好處；大部分的人，渴望在每天生活的社區中，就享受「不被剝削和虐待的公平正義」、「沒有疏離和隔絕的人際或網路互動」和「耕種和看守共同家園」。

公共再造的「公共」，絕不是一種意識形態、虛擬空間或生活教規，而是日常生活中真正可享受公共空間、財富、正義、親密關係和共同家園。

█ 公共論述的力量

公共事務管理者（PAM）為了贏得優先支持（Priority），應表現令人折服的邏輯權威（Authority）與圓融成熟（Maturity）的人際互動。在公共事務的領域，公共論述的展現不在於贏，它更在於學習如何從溝通邏輯，和正直人際連結中，產生溫暖成熟的力量，贏得支持共同實踐夢想。任何一位公共事務管理者，必須學習和善用不同學科領域的論述規劃和分析工具，使自己更具有闡述、對話和辯論的能力。

公共事務管理者領導權威的強弱，除個人公共靈性、人格特質和領導魅力外，也必須涉略分析公共問題的方法和架構，表現政策主張的說服力和行政執行能力。因此，公共事務管理者必須接受更高層次的方法論，和分析工具的訓練。

公共事務管理者對研究方法的運用，首先在於強化其知識、邏

輯和論述的權威性，並表現一種圓融成熟的社會連結，最後能夠得到利害相關人優先支持其所規劃的方案。

本書嘗試從「政策科學」、「區域科學」、「生態科學」與「管理科學」，不同領域學科的定義切入，強調跨領域學科的連結；說明不同領域學科，如何豐富公共事務管理者的思維；公共事務管理者如何運用不同領域學科的論證，來處理公共事務；不同領域學科實踐哪些公共價值。

並且藉由「政策分析」、「區域分析」、「跨域分析」、「專案分析」與「判斷分析」等重要分析工具之掌握，分析問題，進而建構問題、解決問題；以強化公共事務管理者的方案，獲得優先支持（Priority）、論述權威性（Authority），以及連結成熟度（Maturity）。

在公共領域活出偉大，將比以前更自然、更簡單容易。但我們必須比以前更謹慎警覺、簡樸生活，和與在地連結。讓跨界趨勢，不再變成無止境的耗損；生活不能陷於應付整合與衝突，而變得疲倦、無力。讓個人的力量，不至於成為不可理喻的自以為是，進而支解社會的團結，並擴大成為社會安全的破口。讓創造的動能，在這個社會產生創新、創意、創業和創能的價值；成為一種激發天賦熱情、實踐社會使命，**勇於為社會做一件美麗的事**，使共同的夢想成真。

最後，展現在地實力，高根感經濟活動及高感生活風尚，是我們永續發展最自然的力量、最基礎的行動，和最公共靈性的表現。

要管得有道理，就要明白公共事務管理的趨勢發展；且能從中超越「跨」的必然、謹慎「微」的力量、善用「創」的動能，和展現「根」的實力。

▼關心公共的思考路徑圖

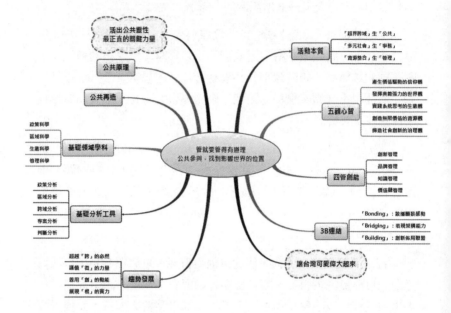

活出公共靈性
最正直的關鍵力量

公共原理

公共再造

政策科學
區域科學
生態科學
管理科學
基礎領域學科

政策分析
區域分析
跨域分析
專案分析
判斷分析
基礎分析工具

超越「跨」的必然
讓值「微」的力量
善用「創」的動能
展現「根」的實力
趨勢發展

管就要管得有道理
公共參與，找到影響世界的位置

活動本質
「超界跨域」生「公共」
「多元社會」生「事務」
「資源整合」生「管理」

五觀心智
產生價值驅動的信仰觀
發揮典範張力的世界觀
實踐系統思考的生態觀
創造無限價值的資源觀
締結社會創新的治理觀

四管創能
創新管理
品牌管理
知識管理
價值鏈管理

3B連結
「Bonding」：敢據願景感動
「Bridging」：表現架構能力
「Building」：創新佈局聯盟

讓台灣可霓偉大起來

Chapter 3

如何成為好的
公共事務領導人？

這是一個顛倒混亂的時代，唉，倒楣的我卻要負
起重整乾坤的責任！——莎士比亞《哈姆雷特》

一位好的公共事務領導者，必須擁有無與倫比的
特質與理念，而他自己也要受其約束和薰陶。

唯有健康的「五觀心智」，才能產生世界級的趨
勢領導、典範張力、在地實踐、價值創造，和社
會創新。

第一節
創造價值領導的品格信念

心智健康，才能期待人際互動的好關係和好結盟。

「五觀心智」就是信仰觀、世界觀、生態觀、資源觀和治理觀的心智模式。

擁有健康的「五觀心智」，才能成為令人敬重、喜歡的公共事務領導者，連結資源福國利民。

▌品格信念，決定領導的基礎

我們的生命到底受到什麼力量驅動？而那一種驅動力，才能使人每天生活活潑、有盼望，也在無形中感動領導別人。「愛」與「恨」各自有其無限的驅動力，但哪一種力量才能帶給人活潑、盼望，和價值領導呢？身為公共事務領導者，你的信仰和信念是什麼？你一生到底持守什麼樣的公共價值？這些都會被放大檢驗。因為，領導者的信仰觀，不僅使自己被堅信的價值來牽動，同時也對別人產生巨大的價值驅動領導力。

一位好的公共事務領導者，必須擁有無與倫比的品格與信念，而他自己也要受其約束和薰陶。

品格、信念絕對會影響領導和決策的品質。在公共領域當中，領導者必需對公共（Public）和政策（Policy）的價值訴求，學習認同、內化及轉化；例如，如何讓民眾在倡議者的日常行為中，見證永續發展、韌性城市、婚姻家庭、公平正義、低碳慢活……等政策主張和價值訴求。這些價值若要對社會產生真正的力量，那就必須脫離口號式的宣告，而應有具體深化的行動。

具體而言，公共事務領導者的公共價值信念、價值系統及生命信仰，將影響領導統御，和決策選擇的內涵，並在社會生活中型塑公民品格和公共哲學。以城市治理為例，市民、城市、國家和世界該如何精彩互動呢？隨著時代的變遷，若缺乏創新的治理信念和價值論述，一個城市就缺乏世界行動的驅動程式。

▌城市，一個國家的起點

國家在地方裡，世界在城市中。城市是承載國家的政經實體，也是一個學習資源體、文化經濟體和全球對話中心；**城市是人民最能接近的國家，也是世界訪客認識一個國家的起點**。

過去，國家處於絕對支配地位，城市從屬於國家，城市缺乏自主性。然而，在全球化時代，城市儼然成為全球事務的萌芽園地和表演舞臺，也是世界地理叢結和全球社會連結的交流核心，更是一個蘊含無限創業機會，具有強大創造力和行動力的政經實體。城市重塑國家風貌，重構世界地圖，成為地區、國家、區域，和世界的聚光之點。

全球化趨勢中，城市是最具政經實體實力，且能持續參與全球治理（Global Governance）的非國家行為者（Non-state Actors）；也是具體表現類似國家能量的全球對話者。處於「後國家時代（Post-Nation Era）」，城市並非要解構國家，而是「城市絕不能被國家框住」。城市必須以新的靈魂和行動，來「定義國家（City Defines Nation）」和「躍升國家（City Advances State）」。

我們不需要刻意抬高城市的重要性，而應正視「城市」（City）就是「地方國家」（Local State）的全球新角色。城市的活動，不在與中央政府分庭對抗，或競爭國際資源；而是在為國家開疆拓土，創造資源；國家需要城市和城市群，為其開創全球新格局。

因此，「城市」這個國際性學習資源體和政經實體，不能再被國家以傳統地方政府的角色、功能和位階對待。

中央政府應從「父權式資源分配者」的高傲姿態謙卑下來，擁抱城市，成為國家在世界舞臺上「最貼心的發展夥伴」。 國家應以全新的眼光，賞析和定位城市，善用城市的全球運轉能量，使城市的自主性和創能性得到全面解放。城市治理領導者，必須儘速從傳統的「蛹」中「羽化」而出，不必再對中央政府的關愛眼神，抱有浪漫期待，也不必要將中央政府視為歸責和抱怨的對象。如此，城市的創能治理始有可能自主創啟（Entrepreneuring）。

在這個典範翻轉的時代，城市的主體性必須得到凸顯，需要重新自我定位，找到自己在世界的位置，勇於與其他社群連結。每個城市都應該要有自己的區域連結，和全球運轉策略，不再只是等待中央政策誘導；要有自己創造資源的能力，而不能只靠爭取中央的資源；要有創能治理的藍海策略，而不是盲目模仿其他城市的發展模式。

對於臺灣而言，「地方國家」的格局尤為重要，它不應只被解釋為城市外交、城市行銷和城市招商，而應該是城市躍升國家，和佈局國際的功能體現。

臺灣六個直轄市若都具備「地方國家」的格局，不僅能夠開拓資源，更將培能城市在全球治理中的發言權、影響力和行動力。這個觀點不是膨脹直轄市的重要性，而是其城市治理領導者和公共事務管理者應具備的世界觀；若這些人物面對上述挑戰和機遇，因缺乏信念而進退失據，那麼城市就無法釋放其應有的能量，國家就更

加無法有效展現其活力。

▌城市的品格

面對「城市定義國家」和「城市躍升國家」的新時代；一個令人尊敬喜愛的城市，需要表現它自己的信仰觀。

二○○九年，高雄電影節曾發生「熱比婭風波」，中國以抵制來高雄觀光旅遊為手段，而要求高雄市政府不得播放中國疆獨領導者——熱比婭女士的記錄影片。那時，高雄市議會某些市議員及觀光旅遊業者，大肆抨擊市政府的不明智之舉，及悚言高雄可能喪失的觀光經濟收入。

當時，陳菊市長非常明確的表示，完全尊重高雄電影節籌辦單位的自主決策，並且呼籲高雄人應共同展現高雄是一個「人權城市」的價值追求。

熱比婭風波雖多少讓高雄蒙受經濟損失，但那種苦難不會持續太久。回顧而看，這個事件反而引起中國遊客對高雄的高度好奇和敬畏之情，進而產生必須到高雄一探究竟的強烈動機。

一個城市不能夠沒有品格，否則遲早會讓旅客及投資者嗤之以鼻。國際上有「人權城市」（Human Rights City）和「品格城市」（Character City）等展現城市信念的國際城市組織，值得我們自我期許和參與實踐。

然而，城市的品格，是市民共同參與所塑造出來的。在全球化時代，「國際世界」與「在地世界」的互動日益增加。從國家視窗到地方視窗，從國家願景到在地夢想，城市自主創能的期待持續攀升。每一位市民皆是喚醒城市靈魂的力量。

如何育成城市自主性的創能力量？這才是國家面對全球化挑戰的新武器，也是在地公共事務管理者的新任務。公共事務管理者的公共價值信念，才是城市能否「化蛹成蝶」的關鍵。

　　一般公共事務管理者雖非「公僕」（Public Servant），仍須有堅定的公共價值信念，與撼動人心的魅力和號召力。

　　「五觀心智」就是信仰觀、世界觀、生態觀、資源觀和治理觀的心智模式。擁有健康的「五觀心智」，才能成為令人敬重喜歡的公共事務領導者，連結資源福國利民。城市公共事務管理者不見得是魅力型（Charismatic）領導者，但是價值領導絕不是個人意志或意識形態的展現，而是透過城市反思的價值，詮釋和理念再造，共塑城市的品格信念和生活風尚，從而產生具有生命力的治理參與。

　　保護和活化更高位階的公共利益、公共財富和公共價值，是公共事務管理者的價值領導核心。

　　公共事務管理者的責任與機會，就是以實踐信念和信仰，塑造城市典範價值，再造城市新律動。

　　公共事務管理者必須反思，自己的城市需要堅定的守護哪些公共價值、民主信念和真理信仰：城市過去擁有什麼，現在為何已經消失，且已造成何種負面影響？城市現在擁有什麼，未來可能生長出什麼，它們將產生何種影響？為了更永續韌性的共同未來，城市應保有什麼、發展什麼，必須從頭做些什麼？城市必須馬上進行哪些轉化行動，否則將來無法補救？

　　造就典範城市需要一貫的價值堅持、邏輯論述、政策決心和創能行動，**公共事務管理者，應帶領市民共同建構城市的信仰觀，並內化於領導品質、公共決策和生活風尚中**。如此，城市才能以更大的自由來擴張境界、跨域合作、散播感動力，並營造共同體。

第二節
站穩世界位置的自明見識 ▗▆▐▆▆▆

工作影響世界，城市改造世界，家庭孕育世界。在世界的舞台上，每一個人都有自己的位置，那是一種健康的自覺和自愛。

健康的世界觀是，不疲於奔命想要佔據所有舞台，也不自卑的認為，創造大時代是一件不可能的事情。

城市，不再是資源掠奪者，而是問題解決者。

▌ 世界觀，就是知道自己的世界位置

工作影響世界，城市改造世界，家庭孕育世界。在世界的舞台上，每一個人都有自己的位置，那是一種健康的自覺和自愛。

高雄在一九九〇年代初期，以城市發展、城市美學、城市人力資源發展、城市外交、城市國際參與和區域治理等，為議題主導的公民社會組織漸漸蓬勃發展。

當時，公私部門組織領導者和社團領袖，普遍存有創啟城市和市民對話的意識，倡議市民參與城市治理的新夥伴關係，重新定位高雄在世界的戰略位置，及創新論述高雄影響世界的實踐策略。

　　中山大學一群教授結合社會專業人士和不動產開發企業界，於一九九三年成立「高雄市廿一世紀都市發展協會」[註1]，展開現代版的市民改造城市運動——「市民作夥建造城市」。「高雄市廿一世紀都市發展協會」初期城市改造運動，以「世界衛生組織」（WHO）的「健康城市」（Healthy City）的精神和行動為基調，包括舉辦城市治理新思維的教育訓練和工作坊，啟動公民參與、社區總體營造及志願服務發展，推動公民美學和市民音樂會，及籌辦城市國際接軌的論壇。

　　有關發展國際非政府組織和城市外交事宜，「高雄市廿一世紀都市發展協會」也扮演了非常重要的催生者角色，帶領公民社會積極參與全球治理行動。該組織成功的整合高雄地區具有社會企業家精神的企業領袖，於一九九七共同創設「財團法人亞太公共事務論壇基金會」，並在全球公民社會以「Asia Pacific Public Affairs Forum, APPAF」之名與國際非政府組織接軌。

　　APPAF 以總部設立在高雄的國際非政府組織自許，積極與國際性智庫（Think Tank）和國際公民社會組織，像是 Civicus, World Social Forum, International Association for Volunteer Efforts（IAVE）, Transparency International （TI）, Freedom House 等 NGO 發展多元合作關係，並引入台灣設立分部。

　　APPAF 草創之初，即積極連結五大國際社團做國際事務訓練，和南部縣市政府舉辦「南台灣縣市高峰會」，每年定期舉辦民間社會參與全球治理的國際人才培訓工作；經常主動邀請各國駐台使節到高雄參加活動；並在一九九九年與王桂榮「台美基金會」合作頒發「傑出青年民間領袖獎」給國際公民社會組織領導者。

註1
「高雄市廿一世紀都市發展協會」創立於一九九三年十月三十號，並推選中山大學洪墩謨教授為首任理事長和吳英明教授為秘書長。草創籌備核心企業人士包括山集團林明哲總裁和楊文全總經理；學術界人士包括蔡敦浩、林信惠、洪富峰、謝臥龍等教授；專業人士包括詹昭聰、許高威、李仁傑、吳金龍、王炯棻、許英俊、朱育男等。

APPAF 與中南美洲邦交國、紐澳地區和東南亞地區等的城市首長、公民社會領導者和政經領袖，建立良好友誼，並經常邀請來台灣訪問。

其中，包括紐西蘭前總理 David Lange、澳洲前總理 Paul Keating，玻利維亞前總統 Gonzalo Sanchez de Lozada 夫婦和中南美國家元首等重量級貴賓訪問高雄，創啟高雄接軌國際的動能。「高雄市廿一世紀都市發展協會」和「財團法人亞太公共事務論壇基金會」，以自發性的公民社會組織帶動城市治理、城市外交和城市國際接軌的市民運動，開啟為城市創造世界舞台的濫觴。

▍世界，就在城市裡

每一個城市，都可以創造自己的世界舞台，明白自己影響世界的位置。每一個城市的領導者，應學會謙卑自信的向世界社會發言，和與國際城市對話。

不知道世界位置的城市，只能沒有目標的交際應酬，對世界社會一點影響力都沒有。**城市就是「在地世界」，「在地世界」與「國際世界」都是全球社會的一部分**。「在地世界」的任何實踐與成就，都具有影響「國際世界」的力量，和成為「世界典範」的可能。

健康的世界觀，不疲於奔命想要佔據所有舞台，也不自卑的認為，創造大時代是一件不可能的事情。每個城市都有其獨特性，即使不是世界級的城市，其獨有的治理經驗和知識資本，仍舊具有世界級的價值與意義。事實上，「在地世界」也是「國際世界」積極爭取合作的對象。

城市的世界觀，將決定其全球運轉策略和發展格局，城市不能自我設限矮化。致力於在地世界的實踐成就，即是對世界社會的責任分擔，也是豐富國際社會的特色分享。

在地是社會的，也是國家的；是區域的，也是國際的；是你的，

也是我們的。不論規模大小，在地即是世界舞臺。

「世界性的典範張力」，看中的就是「在地世界」對「國際世界」的啟發和修補。這是一個城市穩住（Hold）國家的時代，我們需要將城市的在地特色和治理經驗，與國際世界進行多元鏈結。

未來，**城市不應再陷於世界資源掠奪者的角色，而是透過更多的在地治理實踐，成為解決全球問題的在地參與者和全球行動者。**

城市治理時代宣告：「城市重塑國家風貌，地方展現世界張力。」城市是實現創業夢想的全球性舞臺，也是世界公民社會力量的主要來源。各種社會資本、政經網絡、人才資源、在地知識和文化創意在城市場域中相互碰撞激盪，滾動出無限能量。全球化趨勢的時代，城市可以其文化力、經濟力、政治力、社會力，成為國家亮點和世界焦點。

▌城市，具領導世界的治理張力

每個城市都是一個超級資源體，在「價值引領」、「趨勢領導」、「社會創新」、「城市治理」、「公共議題」、「終生學習」等方面，均可有其獨特的文化理念、政經脈絡和治理經驗。

一個城市的世界影響力，完全取決於這個城市如何管理這些治理知識資源，分享並創造城市的典範價值，成為其他城市治理的學習資源、標竿學習和技術轉移。

城市治理的典範移轉，既創造城市治理經驗的價值，也是城市知識經濟的新引擎。它們能夠傳播城市核心價值理念，滾動城市國際交流合作，促進城市觀光會展產業發展。透過城市行銷和區域行銷，城市不僅能將自明特色及關鍵優勢，以「城市品牌」的形式呈現，耀眼外顯成為「世界舞臺中的城市」，更能吸引全球資源進駐，共同合作建構「城市中的世界舞臺」。

公共事務管理者，應敏銳發掘，和善於整合城市的內鍵優勢資

源，透過感動城市內部組織及社會網絡，共同釋放城市能量；就能創造城市「非排它性」的「特殊賣點」（Unique Selling Points）價值，使城市不僅能躍升國家，更能夠產生治理典範的世界張力。

「讓世界更美好」和「為世界做一件美事」，既是公共事務管理者的世界觀，也是在地責任感及好機會。

城市的全球參與不在於主宰世界，而在領導世界。城市首長經常以做好本份工作為說詞，來表現一種謙虛或掩飾虛偽；卻不知其所擁有的公權力和公資源，不僅是要向市民負責，更是具有點亮，和守護世界角落的全球治理責任。

在台灣，我們可能看到因勤政愛民而獨領風騷的城市領導者，但我們卻很少目睹市長能夠透過參與全球治理，來墊高城市的世界高度和風采。

「城市首長」若能轉化心智模式，展現「全球領導者」的視野風範，進入全新的全球治理場域，共同參與國家治理和全球佈局的行動，這就是一種世界觀的表現。

公共事務管理者既不能抱持一步登天的期許，也不需要妄自菲薄。公共事務管理者若能摒棄只將在地作為攀升的跳板，企圖利用現有的領導地位，跳上更高權力位階的想法和做法而已，那將產生更偉大的結果。這不是公共事務管理者的自不量力，自我膨脹或自吹自擂；而是「在地豐富國際」及「城市支撐國家」的認知翻轉和能量釋放。

公共事務管理者的治理思維和實踐行動，應有突破性的典範張力。

只有當每個「在地世界」都具有生機活力，這個世界才會更好。縱使全球化驅動人們奔波於世界各地，行走異國他鄉；我們仍應明確認知，深根「在地城市」仍是我們安身立命和型塑典範之所在。

第三節
好好接地，生根成長

　　城市治理的首要事業，就是營造宜居生態系統，活化市民的生計。

　　每個城市應在區域城市群中找到定位，並與其他城市進行創造性的價值鏈管理。

▋城市的在地靈魂

在地永是未來的根，根淺必然搖晃脆弱。

　　城市是一個有機整體，城市內部的人、事、地、景、物之間的聯繫互動，具有普遍性的系統性。這些要素相互依存、相互制約和相互影響，共同構成城市的維生生態；而城市生態反過來又制約和影響這些要素的未來發展。

　　每個城市都有自己獨特的生態；因此，城市需要具有「在地自明性」和「內鍵永續性」的適性系統發展。

　　城市若缺乏這種維生系統的生態觀，我們便會很快的失去自我認同，甚至在領導者的錯誤偏執中，陷入無止盡的競逐破壞。每個城市均有其不同的演進歷程和傳承發展。重塑城市發展，絕對不能

再依循過去市場經濟的「世界分工」、「國際投資」和「國際競爭」，而缺乏在地維生系統的連結，或誤將其他城市的發展模式拿來自許或抄襲。

我們應在城市原有的生態基礎上深根創造，而不是將原有的生態基礎棄置破壞，更不能生硬蠻橫地模仿移植。城市發展史上有太多盲目移植其他城市經驗的模式，使城市陷入原有生態系統遭到破壞，和失去自我認同的困境。

公共事務管理者必須訓練自己宏觀思考、微觀檢視、戰略佈局和策略行動的生態觀。「頭痛醫頭、腳痛醫腳」，所形容的就是缺乏系統思考的作為。

生態觀的素養就是超越表面徵兆，深入尋找可能的介面整合，以科學實證的分析因果關係，展現更總體長程的政策規劃。因此，生態觀是一種活潑的系統性互動觀察、決策思考和行動整合，而非一般所謂自然生態保護的分析陳述而已。

城市是具有「根感情」、「根故事」、「根產業」、「根共同體」、「根創新」、「根知識經濟」的生態中心。城市治理的首要事業，就是，營造宜居生態系統，活化市民的生計。

為了矯正全球化所帶來的經濟、社會和環境脆弱性，城市應重新深化「地方」、「在地」，和「社區」的自明特色和抓地行動。城市應在其社區搭造「根經濟」的創業就業機會，鼓勵扶持社區經濟、社會企業、青年小鄉創業、文化創意產業等根經濟的發展；以「生態系統」、「社會創新」和「永續商業模式」為內核，透過產品、商品或服務的體驗型、操作型，或見學型的方式，創造在地產業多元價值。

社區創業不同於傳統的公司上班就業，更不同於家庭即工廠的生產模式；它強調城市生態保護，和在地文化經濟的質感，而非生產規模，注重消費者的驚奇滿足，遠超過物質產品的交易。

　　「根經濟」結合在地生態文化、特色產業和人才資本，為在地創造人文魅力、就業機會和產業價值，讓社區資源和在地文化成為生活財富和觀光魅力的來源。根經濟雖然無法具備傳統製造業的規模與收益，卻具備「天時地利人和」的優勢，能夠使市民重新享有一種不受宰制、剝削的經濟生活，提升社區生活品質，使在地重新煥發生機。

▌創造城市新經濟

　　城市本應是城市經濟的主導者，一直以來卻反被市場經濟模式綁架。

　　城市經濟要轉型，必須重塑經濟發展的價值取向，以新的治理模式、方法原理和策略步驟，開創新局。

　　「城市新經濟」必須脫離傳統市場經濟分工、效率、規模和投報率的獲利公式；反應注重代內平等和代際公平，追求一種「零廢棄」和「零排放」的生態原則；擺脫資本家及市場經濟所操弄的生產力、競爭力和消費力等矛盾壓力所帶來的脆弱性。再造城市新經濟，就是重塑治理心智模式，重新反思根經濟的內涵和發展策略；透過社會治理、企業治理和消費治理，釋放城市社會能量提升自主性，而非再次依附於國際資本主導的經濟模式。

　　「城市新經濟」必須是建立在城市生態基盤上，重建自然有機的生產消費關係；讓產銷行為符合自然生態及在地特有的「零排放」物理原理（Pauli，2010）；讓產品生命週期更符合「零廢棄」化學原理（McDonough and Braungart，2008）；而使城市成為一個生產、生活、生態、生命的四生環境。

　　「城市新經濟」在於深化「高根感經濟」；它超越追求高科技主導及高利潤導向的國際競爭策略，而更強調城市的產業活動，必須與在地的「生態系統」、「文化資本」和「社區經濟」產生強連結。

它不僅是一場在地創業運動，也是一場在地產業創新，更是一種生活風尚重塑。

「高根感經濟」就是一種發展與城市自然生態，在地文創和在地產業具有緊密連結的在地經濟活動，建立「市民與社區」、「土地與在地」、「城市與鄉村」間相互依存的和協關係。「高根感經濟」增長公平經濟，創新在地工作機會，確保糧食安全和強化永續韌性發展，並使城市原有的文化生態力，成為市民可以享受的日常生活資源；同時營造出創新、協調的生活美學環境，實現市民生活復興。

「城市新經濟」和「區域城市群」唇齒互依，公共事務管理者除了需要具備城市生態觀，同時還要具備區域城市群生態觀。

每一個城市既要有城市自明性，還要關注區域城市社群間的互補發展。**每個城市應清楚的在區域城市群中找到定位，並與其他城市進行創造性的價值鏈管理**，而不應存有「以大吃小」或「以大管小」的優越感心態。透過跨域行政，建立多元、平等、協力的合作夥伴關係，打造城市間整合性的「區域治理平臺」，從而實現區域共榮的優勢魅力。

就南台灣實務經驗而言，在中山大學學者倡議中，「高高屏首長會報」於一九九六年初開始運作，並隨著區域事務發展而名稱有所變動。因應政治發展情勢，二〇〇七年「中臺灣高峰論壇」及二〇一四年的「中彰投區域治理平台」，都是非常好的案例說明。[註2]

這是一個「城市參與全球多元對話」、「城市版圖繪製世界地圖」、「城市品牌躍升國家形象」和「城市韌性保全市民幸福」的時代。

註2
檢索日期 2015.10.05；http://www.mtcp.org.tw/MTC_intro.aspx

　　世界的未來需要城市覺醒、城市行動、城市再興和城市新經濟。唯有運用生態觀的系統思考，綜合分析城市內和區域城市群間的多元系統連動；如此，城市才能在全球化趨勢中展現「高根感」和「抓地力」，並活化區域優勢。

第四節
全新賞識的資源創造

> 一個講求「利潤」（Profit）不談「利益」（Benefit）的社會，只
> 會對公共資源進行更多的剝削和掠奪。

> 如果公共事務管理者對資源的詮釋，完全被財務報表、年度預
> 算和現金資本所限制，那麼他將失去開拓新局的視野和能力。

▌隱形的資源價值

公共事務管理者的資源觀，不同於與企業經營者。企業經營者
的資源觀看重「產品市場競爭力的價值鏈管理」；而公共事務管理
者強調「內鍵資源賞識力的價值創造」；兩者雖有不同，但皆有其
不同層次的重要性。

一般人對利潤（Profit）和利益（Benefit）的調和，經常陷於交
戰。儘管如此，公共事務管理者及社會企業家必須認清，生活需要
賺取「利潤」，生命需要昂揚「利益」。

**一個講求「利潤」不談「利益」的社會，只會對公共資源進行
更多的剝削和掠奪。**到最後，誰來為社會利益或公共利益進行攻防
守護呢？

　　「資源觀」是一種賞識、盤點、整合和再造內鍵資源的創新能力。如果公共事務管理者對資源的詮釋，完全被財務報表、年度預算和現金資本所限制，那麼他將失去開拓新局的視野和能力。資源賞識力，將決定價值創造的格局和能力。公共事務管理者，應培養內鍵資源賞識力和創造力，唯有透過建構超聯結資源網絡，並對其進行價值鏈管理，才能夠為城市開創新格局。

　　城市的產業經濟、文化資產、社會網絡、人才資本、在地知識和自然生態，都是其內鍵資源。政府投資城市軟硬體的建設，其目的不僅能提升城市的生活品質；若將城市建設的成果加以創新管理運用，不也能夠創造城市學習知識管理，和吸引國際人士考察城市治理的事業收入嗎？

　　每個城市都是一個開放、多元、創新、特殊，且可供學習的創能資源體；「享受城市學習，學習享受城市」是一種享受和創造城市資源的生活實踐。

　　公共事務管理者若能發現、賞識和善用城市這個超級創能資源體，對城市治理經驗進行知識管理和價值行銷，重新盤整城市的區域和國際運轉策略，必能開創城市新經濟的多元商機。

　　臺灣各個城市，在城市治理的知識管理與區域行銷方面，還有很大的發展空間。未來，臺灣應發展成為「東南亞及亞熱帶的城市治理知識管理中心」和「東南亞人力資源和社會創業發展中心」；這樣必能吸引更多元社群來台考察學習，就能創造可觀的知識經濟收入。

　　換言之，台灣的城市，特別是南部城市（例如：台南、高雄、屏東），因其與東南亞城市的社經生態相似度高，城市治理現代化程度也較高；這些城市應善於開發多元城市治理議題，行銷吸引東南亞政府部門，及公民社會到台灣出國考察；這不僅提升城市知識資本的運用，更創造城市治理的國際影響力。

▌區域城市群的國際舞台

全球化趨勢中，城市應具有國際佈局功能和行動能力；這個城市政經實體，已經無可避免地捲入了資本、資訊和資源交易互動的世界網絡。

面對全球經濟一體化，我們已經習慣市場經濟所強調生產效率、投資報酬率、市場占有率、自由貿易和世界分工等基本法則；更無力對抗資本主義「大者恆大、贏者全拿」的版圖掠奪實力原則。

臺灣的城際競爭，如果一直被資本家和市場經濟操弄，或城市社會只倚靠大企業家忽隱忽現的道德良心和社會責任來經營；那麼，我們將再度陷入消耗過多資源和創造不平等的困境，為的只是滿足資本家或企業家的無止境要求。

過去，中央政府經常對資源分配做高度傾斜性的區域和社群操作，使城市間對資源過度競爭，而缺少區域城市群合作。這不僅無法提升城市的競爭力，而且會擴大區域、城鄉和社群間的失衡和差距；最後導致貧窮、脆弱與階級分裂。

台灣直轄市格局正在改變地方治理的形勢，彼此間難免仍有「趨勢領導」、「創新領頭」、「城市發言權」和「資源爭奪」的競爭關係；但以往期待中央政府的政策關愛、仰賴中央資源重新分配的做法和策略，顯得已經過時。

因此，如同「地方國家」（Local State）的「城市」（City）必須要有自己創造資源的能力。一個城市如果只陷於國內競爭力的排行迷思，或過度專注於排它性的競爭中央資源；那麼這個城市的「自主性」、「自明性」和「永續性」，將永遠無法建立。

全球化加劇區域、國家、地區、城市之間的競爭，**在全球各個政經實體複合互賴持續升溫的情況下，每個城市都應有其區域與全球的運轉策略。**「區域城市群合作」是一個城市創造資源，非常重

要的區域公共事務；區域生活圈內的每個城市無法事不關己。

城市若想在全球競爭中脫穎而出，亟需與區域城市群共同發展「區域競爭力」，而非傳統的「城市競爭力」。例如，舊金山灣區的南灣（South Bay）地區便是所謂的矽谷（Silicon Valley）。在這個區域中每一個城市，因高科技產業的群聚而發展獨特及互補的生產、生活的共生關係。

每一個區域城市群中的城市，應勇於自我定位在世界的位置；像是帕拉圖市（Palo Alto）因史丹福大學的獨特優勢號稱「矽谷的誕生地」（Birthplace of Silicon Valley）；桑尼維爾（Sunnyvale）號稱是「矽谷的心臟」（The Heart of Silicon Valley）；聖荷西（San Jose）則以優勢區位自稱「矽谷的首都」（The Capital of Silicon Valley）；甚至位在東灣較不起眼的聯合市（Union City），也以「矽谷的大門」（Gateway to Silicon Valley）自居。矽谷地區因其特殊的維生系統，已成為一個超級創能資源體；每個城市均可以在這個區域城市群中，共同創造矽谷區域優勢[註3]。

對臺灣而言，「在地全球化」是「區域城市群」整合創能的絕佳機會。區域城市間可以透過城市議題聯結、區域治理合作、城鄉商機加值，和區域生活圈等城市群價值鏈管理，共同塑造其國際吸引力及影響力。

不同城市的資源互補，能夠提升區域城市群的競爭力和生活圈魅力；任何一個城市都應善用這個新動能，建構城市間的深根協力夥伴關係，實現共生共贏共榮。

註3
檢索日期2015.10.05；http://www.chinesetravelers.com/California/siliconvalley.htm?serviceselect

第五節
締造協力的社會治理

社會創新的推動者，往往是治理典範的締造者。

城市擁有在地世界，而在地永是未來發展的根本。

在全球化趨勢的時代，世界需要本質完全不同的互動方式。

▌ 新治理觀——孕育社會創新的動能

面對「全球治理（Global Governance）」的發展，以政府（State）、市場（Market）、公民社會（Civil Society）和社會企業（Social Enterprise）為四大主體的新治理觀；強調夥伴關係、跨域合作、網絡治理和群聚共生，打造一種動態領導和多元中心的治理模式。

任何公共治理的發動權，不再專屬政府部門而已；公共治理基本上包括「有政府部門參與的治理」和「無政府部門參與的治理」。

面對這種新治理趨勢，我們需要多元「公民參與」和「創新夥伴關係」，做為引爆社會創新的生命力。公共事務管理者就是社會創新的推動者；**而社會創新的推動者，往往就是治理典範的締造者。**

　　傳統世界經濟的分工代工或自由貿易模式，已製造出經濟和環境的尖銳矛盾；其「資本家製造獲利求生存」的基本邏輯，更使得原本相對落後地區的「國家發展」和「城市競爭」面對更不可能永續發展的困境。在全球化（超）資本主義的主宰下，任何生產關係都充分表現競爭性、掠奪性和零和性的資源競逐原則。

　　雖然國家和城市都有其階段性的經濟發展歷程，但是，位於相對落後地區的城市，其貧富差距和社會脆弱也更明顯加劇。

　　傳統世界經濟的分工代工或自由貿易模式，已製造出經濟和環境的尖銳矛盾；其「資本家製造獲利求生存」的基本邏輯，更使得原本相對落後地區的「國家發展」和「城市競爭」，面對更不可能永續發展的困境。在全球化（超）資本主義的主宰下，任何生產關係都充分表現競爭性、掠奪性和零和性的資源競逐原則。

　　雖然國家和城市都有其階段性的經濟發展歷程，但是，位於相對落後地區的城市，其貧富差距和社會脆弱也更明顯加劇。

　　面對經濟正義和社會公平的大量流失，原本落後地區的城市發展，仍無法脫離「落差鴻溝」持續擴大的困境。這不僅突顯傳統城市經濟發展的局限性，更惡化城市治理議題的可處理性。如何擺脫傳統世界經濟分工代工的宿命，創造更具自主性的城市經濟動能，塑造更具自明性的城市發展特色？這些都是全球城市共同的挑戰和機遇。

▌由地方區域走向世界

　　這是一個地方參與全球治理的新時代；城市和市民可以透過參與在地公共治理，承擔作為地球村公民的責任，為全球治理盡一份力。城市的公民社會可以透過非政府組織、非營利組織、志願服務組織和社會企業……等，共同與其他國際組織產生議題聯結。

　　城市參與全球治理的程度，反應在這個城市，能否成為國內外

多元公民社會組織的棲息地或發源地。換句話說，城市參與全球治理，不僅是城市政府的城市外交而已，更是城市公民社會自發性的全球網絡聯結。

「世界是社會」、「地球是社區」、「全球是場域」、「在地是起點」，都是描述在地公民社會可以參與全球治理的事實。

城市擁有在地世界，而在地永是未來發展的根本。國家要有永續發展的根基，就一定要有永續在地治理。中央政府需要城市治理來支撐，國家發展更需要城市創能來躍升。城市作為一個能夠參與全球對話的政經實體，台灣的城市怎麼能夠忽視和放棄這種機會呢？台灣的城市尚未真正摸索出屬於它自己的世界角色。

每個城市都有自己的優勢和弱勢，不是要求城市要在弱勢上趕上其他城市，而是在全球化加劇城市間競爭的情況下，不能再「各自為政」，必須把握區域城市群合作的契機。

「區域城市群」的創能治理，就是營造對大家都有利的區域優勢。台灣六都合併升格後，面對城市版圖擴大、城鄉多元發展和財政資源有限的現實，城市在全球競爭中必須具備從原來「城市治理」、「城鄉治理」到「區域治理」的新視野和新格局。為建立區域城市間的合作夥伴關係，並提升區域城市群的「自造力」，城市間應鼓勵多元平等的協力參與，並建立區域治理平台所需人力、預算、決策和執行的機制。

城市競爭，真的需要從官方和民間的各種評比指標中破繭而出；區域城市群應學習重新建構區域治理的精神價值、運作機制和績效指標，發展「高根質感」的城市和區域城市群競爭力。

台灣的城市，不僅需要發展專屬自己的「城市競爭力」，更應該營造強化「區域大優勢」的城市群合作關係，而不是盲目加入城市間的資源爭奪競賽。中央政府也需要推動建立城市間整合性的區域治理平台，而非引發城市間面對中央資源分配的壓力和恐慌。中

央政府在城市治理夥伴關係中，是不可缺少的重要成員，但並非是唯一主體；區域城市群間的互動絕不能受限於「以大管小」、「以大欺小」或「以大幫小」的傳統優越感思維。

「城市新經濟」和「區域城市群經濟」唇齒相依，城市與其區域城市群間的協力合作，可以透過優勢互補共存共榮，發揮區域治理的效能，為區域優勢創造動能。

每一個城市若能擺脫傳統「大小」和「主從」的糾葛，發揮自明優勢和整合內鍵資源，自然能夠為區域城市群的合作找到新方法。這不僅能夠帶動區域城市群間的互補發展，也能夠讓每一個城市，各自成為該區域中特殊功能的「門戶城市」或「領頭城市」；上述美國北加州矽谷地區的城市群合作互補，共創區域優勢可為明證，非常值得學習。

面對城市治理和全球治理的新時代，公共事務管理者和城市治理領導者必須重建「治理心智」和「治理能力」；「市民」、「城市」、「公民社會」和「區域城市群」可以共同合作，成為區域永續發展和區域優勢的推動者。註4

註4
本章理稿助理蔡宇晴（中國哈爾濱工業大學社會學系 2012 級／台灣中山大學社會學系交換生）

Chapter4

公共事務的創能題解

必須做對顧客有價值的事，而不是組織原本就擅長的事。——克里斯汀生

對一位公共事務管理者而言，「四管創能」可以創造社會動能和多元價值，重要且實在。

導言

台灣人只要學習做兩件事就可以媲美瑞士：「知識管理與價值創造」——瑞士洛桑管理學院（IMD）院長杜道明（Dominique Turpin）。

只要懂得自己的優勢經驗、知識資產，加上「創新管理」、「品牌管理」、「知識管理」和「價值鏈管理」的「四管創能」，就能產生世界性的知識經濟影響力。

▌ 知識價值，無所不在

以往經驗顯示，台灣人誤以為發展知識經濟就只是發展「高科技產業」、「智慧園區」、「科學園區」、「生技園區」、「軟體園區」或「文創園區」等，這實在是偏執及錯誤的想法和做法。

誰說只有高科技或智慧園區才能發展知識經濟，難道城市治理的知識和台灣發展的經驗，不能夠轉化成為教育訓練、探索教育、城市見學、文創產業和知識資本產業的知識經濟嗎？難道「高雄園冶獎」、「登革熱防治」、「災區重建」、「愛河整治」、「城市轉型」或「社區營造」的經驗，不能夠創新發展為可移轉、傳授的

技術和訓練嗎？難道原住民的「頭目領導學」、「狩獵文化」等文化資本和知識資本，不能夠再生發展，成為和卡內基教育訓練一樣，具高產值的高階企業探索教育，和生命教育訓練課程嗎？

過去，**台灣精擅經濟性的科技研發和產業價值鏈，缺乏在地性知識管理和價值創造的能量**；其中最重要的影響因素，乃在於「自卑心理作祟」和「偏狹的世界觀」。

一般台灣人仍然受到崇洋心態和歐美領先的影響，總覺得發生在台灣本地的事物，影響力就只限於本土、在地和地方，屬於低階的知識和經驗，沒有什麼世界價值可言。

或者說，台灣的發展經驗和治理知識，雖兼具成功與失敗的經驗，然而這些成敗的案例，只不過用來自我反省和存檔管理，難道真的具有世界典範的價值嗎？

台灣人很少展現「標竿學習」、「價值領導」、「趨勢領導」的夢想行動，成功方程式被「讀名校」、「拿文憑」、「賺大錢」、「要有權」、「國際化」、「拼經濟」、「贏者圈」等心智模式完全框住。

我們很少能夠善用「發展經驗」、「治理典範」、「在地特色」和「社會創新」的知識資本，進一步創造具世界影響力的標竿學習價值。簡言之，就是將台灣的知識資產萃取，轉化成具有知識經濟價值、社會創新價值、城鄉見學價值或台灣經驗價值。

對台灣社會而言，創造上述那些價值的能量實屬貧乏，其原因仍在於「自卑心理作祟」和「偏狹的世界觀」。這是一種心智模式的誤導，而非實力不足或典範張力不夠的問題。

以高雄近二十年（一九九八～）來的城市發展和城市治理的歷程為例。高雄已從「四大沉痾」到「城市美學」；從「文化沙漠」到「文創綠洲」；從「節能減碳」到「轉碳創能」；從「工商港都」到「海洋首都」；從「工業重鎮」到「綠色大城」；從「城市交流」到「城市外交」；從「縣市合併」到「區域治理」；從「地方政府」

到「地方國家」；從「南北差距」到「南方崛起」；從「多功能經貿園區」到「亞洲新灣區」；從「永續發展」到「韌性城市」。

高雄人，彼此喚醒城市靈魂，共同營造城市動能，謙卑創造城市價值。**這種脫胎換骨的城市發展成就，表示高雄這些年來已從「傳統宿命的無奈」，自轉展現「天生命定的價值」。高雄的轉化經驗，擁有城市治理的特殊世界地位；**特別對於那些非首線、非首都和重工業的城市而言，絕對是一個高學習價值的城市轉型成功案例。

雖然高雄仍需努力，才能晉升成為世界級城市的水準，但這些年來的城市轉化，的確是一個世界級典範。高雄城市治理經驗，可以透過「四管創能」：「創新管理」、「品牌管理」、「知識管理」和「價值鏈管理」成為東南亞及亞熱帶城市轉型的標竿學習，並發展成吸引東南亞公私部門出國考察的城市見學新經濟；這將為台灣深根東南亞城市社會，產生巨大的影響力和社會行銷能量。簡言之，高雄雖還不是世界級城市；但其城市轉化的成就絕對是世界級典範。

對東南亞城市及社會的出國考察地點選擇而言，若必須派員行旅到歐美去學習，不僅旅程遙遠和耗費不貲，區域社經生態亦完全不同；那將是一種高成本低成就的錯誤學習。台灣的城市和社會，各自擁有其自明性和內鍵優勢，也各自擁有東南亞城市社會可來學習的優勢議題。

然而，我們過去卻忽視這種寶貴的優勢資源，謙卑又自卑的任其荒蕪於本土經驗、初階知識和在地社區層級而已。殊不知，「在地的世界」和「國際的世界」，都是世界的一部分；**「在地全球化」及「全球在地化」互為城市治理的世界觀內涵。**

從公共事務管理的角度而言，「四管創能」讓我們真正能夠以在地豐富世界，並讓世界因「高雄在地」和「台灣在地」而有更多的驚奇學習和創新啟發。

第一節
創新是社會進階的動能

創新是，不受限於傳統經驗，擺脫既有思維，放棄一切改變現狀，也在所不惜。

創新始於，不侷限於上層意圖和動機，想要塑造世界級的影響力。

▌ 創新，是責任心的展現

創新，絕對不是搞怪吸晴、亂無章法的破壞，或是大膽嘗試的冒進。

真正的創新始於「深度的社會反思」、「讓天賦自由發光」和「日常的良善治理」。「深度的社會反思」是一種面對社會變遷的調適、責任和委身；「讓天賦自由發光」是一種發現自我特色和發揮優勢的賞識力、自信心和實踐力；「日常的良善治理」則是用天賦做好每件事的基本工，並產生良性循環。

創新是，不受限於傳統經驗，擺脫既有思維。

經濟學家熊彼得（Joseph Alois Schumpeter）提出，「創新」表示與以往存有某種程度的差異和不一樣（Innovation is Something

Different）。這種不一樣的感覺，帶來的不是短暫好奇，而是耳目一新的驚奇喜悅。科特（Kotler，1997）認為**任何產品和服務，只要對某人是初聞即為創新**，不論其本身已經存在多久的時間，只要前所未聞，對該個人即為創新。

圖什曼和穆爾認為（Tushman & Moore，1982）創新即創造過去所沒有的新發現或新發明。查克和弗蘭克爾（Chacke& Frankle，1990）創新是一項發明或新概念，使其符合現在或未來潛在的需求，並可藉由改進與發展，使其原有功能達到商業化的目的。因此，彼得杜拉克（Peter Drucker）說：「不創新就等死。」創新有時候會是破壞性的創新，譬如說，面對網路時代及宅經濟而言，虛擬店面已對實體店面產生絕對性的影響。

企業創新管理，至少包括設備創新、商品創新、策略創新、市場創新、流程創新、交易創新和服務創新。但是，面對社會正義問題、資源分配問題、社群衝突問題，我們的公共生活也需要以「社會創新」（Social Innovation）或「社會創啟」（Social Entrepreneuring）來解決社會問題。

社會創新就是用創新的方法來解決社會問題，先了解「社會情境」（Social Context），創造一種新的「社會影響力」（Social Influence），不侷限於上層意圖和動機，塑造世界級的影響力。對利害相關人產生態度、認知和行為的改變；並激發出真正、持久的社會變化（Social Impact）。雖然每一個社會都有其不同的演進歷程，但只要願意，就有可能透過社會創新成就大事。

在二十世紀初期，政府部門訂定相關法規，非常積極推動公私部門協力夥伴關係（Public and Private Partnership，PPP），引進民間資源參與公共建設，並活化閒置公共空間。以高雄市政府為例，「蓮潭國際文教會館」ROT 案[註1] 和「高雄國際會館」BOT 案[註2]，實為有關活化閒置公共空間創造永續價值的創新案例。「閒置公共

空間」和「蚊子館」一向為市民和民意代表詬病，也成為主計和監察單位經常糾正的公務。但用政府財政預算來活化閒置的公共空間，其投資報酬率和綜合成效除經常被詬病外，也無法永續善治和創造價值。

如果政府可以不花一毛錢，只要根據依法行政和依法創能的原理，為公私部門協力夥伴關係，提供安全及雙贏的價值創造商務模式（Business Model），這是多麼棒的事情。

公私部門協力夥伴關係如同騎協力車一樣，彼此不能以主從關係對待，而應以夥伴關係互相看守扶持；但彼此公務互動的原則，除一定要堅守依法行政外，更要依法為彼此創造可能和動能。如果單方只講依法行政，而不懂依法創能；那麼任何的協力夥伴關係，將是沉悶甚至可能造成無法彌補的損失。引進民間資源參與公共建設，是一種可以創造無限可能的創新作法；但需要公私部門以新賞識力、新治理觀和責任感做正直的互動。

▌城市學習世界大站──捷運美麗島站

在世界主要城市搭乘捷運的經驗，不外乎擁擠吵雜、步伐快速、無法駐足、商店滿佈。

但在高雄搭捷運就是不一樣，它給人一種休閒、美學、藝術和

註 1
「蓮潭國際文教會館」ROT 案，乃為活化閒置公教人員訓練中心的住宿空間；由高雄市政府公教人力發展局和致遠管理學院（後改名為台灣首府大學）依促參法規定推動合作，於二〇〇五年十月依法簽約，在二〇〇八年正式營運，並榮獲二〇一〇年第八屆民間參與公共建設金擘獎。

註 2
「高雄國際會館」BOT 案，為活化閒置十幾年的教師研習中心宿舍；由高雄市立空中大學和台灣首府大學依促參法規定推動合作，於二〇一二年三月依法簽約，第一期工程於二〇一四年十一月完工啟用營運。

學習的世界級高雅體驗。當高雄捷運公司每天為載客運量及聯合開發做創新服務之時，城市裡的有識之士根據高捷的自明特色和內鍵優勢，默默著手將 O5/R10 的捷運美麗島站發展為世界唯一的城市學習、城市文創、青年創業和志願服務的大站。

曾經讀過這麼一句話：「Life is All About Meeting」。**一個令人愜意的城市，一定充滿奇妙的相遇空間（Space），和擁有令人神馳遐想的角落（Corner）。**

一個幸福的城市，一定是一個能夠令文人、藝術家、創作家、設計師和創業者盡情對話、浪漫渡日且簡樸過活的 Meeting Place。城市中的捷運不只是在運輸人潮，而是在領人相遇；而城市居民旅客便捷的相遇，就為城市帶來了無限可能的活力。高雄捷運就是一個令人愜意、幸福、享受的「情感交流場域」、「創意匯流管道」、「文化創業舞台」、「城市學習廊道」和「創業商機平台」。

根據高雄捷運發展現況的特殊背景，「美麗島會廊」（Formosa MICE Corridor）[註3] 善用、加值和創造傳統捷運交通運輸功能的無限可能，首先將傳統的商業空間轉化成為教育訓練、小型會展和上課教室的奇妙相遇空間。它結合了「人權學堂」、「城市學堂」、「美麗島學苑」、「城市之光」、「城市之美」、「青春加油站」、「穹頂下鋼琴」和各式各樣的文創小舖，捷運美麗島站儼然成為世界上絕無僅有的城市終身學習和青年創業大站。福爾摩沙（Formosa）的意思就是「美麗的極致」（Beautiful to Perfection）；「美麗島會廊」即是為城市提供最令人想像不到的「便捷共學相遇廊道」。

註3
高雄市立空中大學、高雄捷運公司（KRTC）及美麗島會廊股份有限公司，在二〇〇九年以產學合作的方式，共同創造全球少見甚至是獨一的「美麗島會廊」，轉化商用空間成為教育訓練及展覽會議的市民空間，使高雄捷運美麗島站散發一種城市學習和青年文創的氣息，也發揚「美麗島」應有的精神和品味。

國際人士參訪捷運美麗島站[註4]經驗顯示，他們所嘆為觀止的不再只是現代化和藝術化的設施，而是沒有在其他國家捷運站，看過像美麗島站上述空間使用的功能。

「城市是大學的校園、大學是城市的宇宙」（The City is the Campus of A University,and the University Becomes the City's Universe.）和「享受城市學習、學習享受城市」（Experience City Learning.Savor City Enjoyment.），這兩句名言為設立捷運美麗島會廊的苦心和創新下了註解。期待「美麗島會廊」繼續為高雄市民營造一個適合「人才資本」、「社會創業」、「公益創投」和「商機創能」奇妙相遇的 Meeting Place。

這幾年來，高雄捷運公司的營運已有很高效率的成長，也為城市總體發展帶來高社會投資報酬率；但更重要的是，高雄捷運的特殊賣點和藍海策略已超越了交通運輸的本質，它更創新整合學習機會、人才發展、創意創業和市民參與，而成為世界捷運史上的新魅力焦點。

註4
國立菲律賓大學（University of the Philippines, UP）總校長 Hon. Alfredo E. Pascual 及副總校長 Dr. Gisela P. Concepcion 一行十人於二〇一六年一月十九日參訪美麗島站後的感人分享；副總校長更非常享受能夠在光之穹頂下彈奏鋼琴。

▼ 國立菲律賓大學總校長 Hon. Alfredo E. Pascual 二○一六年一月十九日參訪高雄美麗島捷運站的美麗島會廊

▼ 國立菲律賓大學副總校長 Dr. Gisela P. Concepcion 二○一六年一月十九日在高雄捷運美麗島站光之穹頂下享受彈奏白色鋼琴

▎便利商店，國寶級的台灣創新

面對現代人對便利性生活的多元需求，台灣便利商店產業的創新反思，其服務創新管理已稱霸便利商店的世界舞台。

台灣的便利商店雖是從日本引進，但經過本土的文化實驗和創新實踐，其服務的創新多元是世界第一名，其密度更是世界第一。國際友人來到台灣，必須帶他們造訪的地方就是便利商店；因為那已經不只是買賣東西的地方，而是享受生活便性和驚奇性的社區角落。

特別是在南臺灣，魅力陽光、寬敞店面、落地窗的明亮和美麗的外部公共空間，共同所營造出來的明亮溫馨街廓感，更令社區居民每天必須拜訪。

這種現象也引發了社交聚會的創新想法，就是到「7-11」或「Family Mart」辦桌。試想，對於非高所得的家庭及業務人員而言，便利商店未嘗不是一個商務交際、朋友聊天、家人速食晚餐的最佳去處。

有人這麼說，社區裡面最受歡迎的奇妙相遇空間就是便利商店，**多元快捷的公共服務，讓我們感受幸福。**

未來，就看我們如何將「台版」便利商店的創新管理，進一步做知識管理和價值鏈管理。若能以「台版」便利商店的知識創新和服務創新為基礎，另發展一種「東南亞鄉下版」的小型便利商店技術移轉產業；訓練台灣新住民子女學媽媽的語言，回媽媽故鄉創業，或鼓勵東南亞青年來台創業行旅學習；這些互動，自然成為帶動東南亞鄉村社會的工作機會和生活品質，並可能進一步滾動東南亞城鄉新經濟的發展。

▊ 高等教育能量輸出，國寶級大學創新治理

面對少子女化所帶來的「退場」或「轉行」壓力，台灣的大學正進行創新治理的戰役。

就大學教育的本質而言，「少子女化」的意思就是我們可放棄的學生越來越少了；換句話說，一個都不能放棄。雖然每一個大學都在談創新治理，而其創新治理的心智模式，並非因正面的社會反思所產生的社會創新靈感。

大部分的大學，仍停滯於因少子女化急迫感，而產生的競爭策略和開源節流方案。很少大學的創新治理能夠表現社會問題反思、社會願景共構和社會治理創新的大學責任和行動內涵。一般的大學只是在招生宣傳和創業模式上花招百出，尋求突圍之道，而缺乏真正的大學創新治理，落得只是耗能自保而已，早已失去大學應有的品味、格局。

大學創新治理不應只停留於傳統的校務發展策略，或是深陷於少子女化壓力的招生宣傳、獎學金加碼、得獎排行競爭及校辦事業發展策略而已。大學創新治理應整合教育哲學、社會責任、自明特色、內鍵優勢、區域發展、文化經濟、在地產業、社區營造、根感經濟、財務永續和績效責任等面向，並深化成為大學治理的戰略佈局、策略規劃與課責機制。

每一間大學的呼吸、作息和傳承，都在考驗與彰顯信仰觀、世界觀、資源觀、治理觀和生態觀。大學也必須學習從創新管理、品牌管理、知識管理和價值鏈管理來做多元價值創造的社會行銷和教育再造。

台灣面對「少子女化」、「高齡化」、「鄉村空洞化」、「城鄉差距」、「南北不平衡」的事實與連動，許多公共政策論述及制定當然須被矯正。然而，就大學創新治理而言，我們絕對不能使大學深陷於「招生」、「評鑑」、「升等」、「排名」等連動性的生

存壓力泥沼中。

　　大學創新治理應從更寬廣的終身學習、翻轉教育、職涯發展、社會創業、自造運動、在地區域優勢、城鄉根經濟與國際區域合作，從新尋求價值創造的新公式和新夥伴。

　　大學教育的偉業，絕對不能任憑資本主義和市場經濟無止盡操作摧殘；使大學進而成為教育「潮流化」、「標準化」、「商品化」、「菁英化」和「專業化」的惡性競爭場域和倫理道德價值的災區。這是大學創新治理首要面對價值選擇的神聖挑戰。

▍大學／城鎮／創業三合一策略，東南亞區域的創新連結

　　面對現階段台灣少子女化的變形壓力，每個學校各有其因應的方案。若放眼人口紅利的東南亞區域，就看到台灣有的創新機會和區域影響力。台灣因少子女化而空出來的「高等教育能量」，若能轉化成為提升東南亞社會人才資本的「文明力量」，這將是台灣與東南亞區域共同之福；更是台灣可以影響東南亞社會的轉捩點。

　　台灣高等教育能量的輸出，不僅解決國內大學生人數問題，更能夠轉化成為提升東南亞區域人力資源品質的力量。若我們十年以後回顧，原來現階段台灣所苦惱的少子女化問題，不僅沒有難倒大學經營，更是擴張了大學的境界，成為改造東南亞的新領航力量。

　　國內、國際區域主義和區域合作，是一條創新且寬廣的道路，端看有沒有創新的賞識力和行動力。未來，大學的創新治理必須要認真規劃，整合「大學連結」、「城鎮經濟」和「青年創業」的三合一東南亞區域合作策略；使大學不再只是為自己的國際招生和學術地位單兵作戰，而是擴張境界，共同提升區域人力資源品質。

　　這種區域合作行動計畫，將使台灣的大學開始發揮在地連結力量和區域再造影響力。但台灣目前無法自己走這條路，我們可以首先連結最鄰近、講英文的民主國家，就是菲律賓；共同型塑雙引擎

（Double Engines）的區域力量，並產生教育（Education）與創業（Entrepreneurship）的 Double E 巨大效果。

我們對大學教育的學生群認知，往往受國內首讀族人數遞減的干擾，每個學校似乎陷入零和招生的賽局；然而，若放眼終身學習社會、職涯多元發展、在地區域優勢和國際區域人才資本等利基，將會看到創新的機會。

台灣的大學創新治理若被賦予「以高等教育能量滾動東南亞區域發展」的使命和機會；那麼台灣的大學能量將提升緊鄰國家或區域的教育學習品質、人力資源發展、青年創業合作機會及城鄉社經發展。無形之中，**大學創新治理，將成為帶動區域人才資本發展的國際新典範。**

以台灣和菲律賓的互動為例，菲律賓在二〇一四年已是世界第十二個人口破億的國家。菲律賓是一個經濟快速成長，且距離台灣最近、主要語言為英文的民主國家；也是一個非常迫切需要區域教育資源協助的國家。台灣雖處於「人口赤字」，但是如何與擁有「人口紅利」的菲律賓，優勢互補，創造創新的區域合作思維，是值得思考的方向。

最近相關單位也開始推動菲律賓青年學子來台就學、遊學及創業旅行的相關規劃。其實，台灣的年輕學子除了歐、美、紐、澳等國以外，最便宜、最便捷和最具潛能的留學、遊學和創業鄰國，菲律賓實為首選國家，不是嗎？就東南亞區域合作而言，結合城鎮外交、區域人才資本發展、青年創業行旅和在地文創經濟實為大學創新治理的藍海策略。註5

▌台灣新住民是改造東南亞的時代力量

台灣新住民同胞及其子女在提升台灣競爭力和影響東南亞區域社會這個議題上，具有非常特別的關鍵優勢；也是未來促進台海兩岸區域合作非常關鍵的力量。

今天，我們提出概念性的「新住民子女 5T 培能行動」，其實踐將為台灣營造一種影響東南亞基層社會的新時代力量。

若新住民同胞及其子女受到鼓勵，我們一起發現台灣（Taiwan）故鄉好東西，尋找機會帶到東南亞創業；經過務實的東南亞創業訓練（Training）課程；並會流利的說媽媽的語言（Tongue）；到媽媽的故鄉（Town）了解創業機會；就能產生轉變（Turning）區域的偉大力量。

台灣的技職高等教育若能具亞洲及東南亞區域觀，這些寶貝同胞將是我們服務東南亞、創業東南亞、連結東南亞產業，和改變東南亞社會的新時代力量。台灣新住民青年子女不就為台灣改造東南亞開創一條全新的大道嗎？

註5
國立菲律賓大學（UP）暨國立菲律賓大學空中大學（UPOU）一行十人，由總校長 Hon. Alfredo E. Pascual 率領，於二〇一六年一月十九到二二日受樹德科技大學（STU）之邀訪高屏。其活動成就包括，在康橋飯店揭幕設立「國立菲律賓大學高屏聯誼中心」；計畫於楠梓加工出口區（EPZA）和相關國際廠商設立「UPOU 高屏學習指導中心」，共同提升菲律賓國際移工的終身學習能量和學位學習；規劃設立「台菲城鎮鄰居論壇」，使台菲中小型的城市實質產生互動；倡議 UP 系統、樹德科技大學、國立中山大學及國立屏東科技大學結盟，共同提昇東南亞區域的人才資本。相關報導—檢索日期 2016.01.21
中時電子報 http://www.chinatimes.com/realtimenews/20160120004780-260405 ；http://www.chinatimes.com/newspapers/20160121000180-260204
中央社 http://mobile.n.yam.com/m/news.php?id=20160121519170 ；
工商時報 http://ctee.com.tw/LiveNews/Content.aspx?nid=20160120004780-260405&ch=ch
聯合報 https://video.udn.com/news/429763
台灣導報 http://www.taiwan-reports.com/?c=articles&a=show&id=79518

▲「國立菲律賓大學高屏聯誼中心」於 2016 年 1 月 20 日舉行揭幕儀式

第二節
品牌是喚醒社會的公共靈魂

品牌是名字、符號和物件的靈魂，具有價值喚醒和情感認同的力量。

品牌象徵旗下產品的標記、血統和傳承，為產品、服務提供護庇及舞台，使產品、服務、組織產生力量的價值內涵。

▋ 品牌，喚醒靈魂、發酵價值

品牌提供市場辨識度和競爭區隔性；品牌成為消費者、使用者及決策者做選擇時的關鍵考量或偏好選擇因素。[6] 品牌的英文單詞 Brand，源出古挪威文 Brandr，代表「燒灼」、「印記」、「權屬」和「保證」。[7]

註6
檢索日期 2015.10.25 網路「品牌與顧客管理」PPT

註7
檢索日期 2015.10.25 http：//wiki.mbalib.com/zh-tw/%E5%93%81%E7%89%8C

品牌是名字、符號和物件的靈魂，具有喚醒價值和情感認同的力量。

產品的品牌，就是品質和價值的保證、信用和吸引力；企業品牌，就是形象資產與識別（文字、符號、音樂等）認同；組織的品牌，就是社會典範與社會貢獻度；城市的品牌，就是自明特色、生活風尚、城市願景、創新優勢或趨勢領導的聚焦表現。

家庭的品牌，是門風和傳承；領導者的品牌，是專業能力和責任美感所贏得的信任感；個人的品牌，則是品格和名聲。

品牌不是產品及服務本身，也不是法律保護的商標；品牌象徵旗下產品的標記、血統和傳承；品牌為產品、服務提供護庇及舞台。品牌確保產品的品質及創造產品的價值。品牌是有身分、地位、靈性和價值的；品牌是組織的形象資產和創價資本。例如，聽到「足感心的」，就聯想到「全國電子」；想到「使命必達」就聯想到「Federal Express」；想要「最便宜」就到「全聯福利中心」。

為什麼要作品牌管理呢？品牌管理是一種形象、識別、認同、喜好、忠誠度和價值追隨的綜效管理。

品牌管理之目的在於使「利害相關者」（使用者、消費者、供應商、學習者、應徵者、旅遊者、投資者、生活者等等）被你的形象識別吸引，盡而產生認同、選擇偏好和莫名忠誠度，甚至願意共同去完成一件偉事。

品牌管理並不是傳統所謂的包裝行銷而已；而是一種讓產品、服務的生產品質、設計質感和精神價值，產生特殊魅力及超黏吸引力，進而引發共鳴、認同、分享和趨勢領導的效應。

一個組織的品牌管理，實在無法單純只靠行銷、包裝及宣傳；它勢必與領導者品味、產品品質、企業靈性、企業倫理、社會貢獻和社會責任等要素，產生連動、共振和發酵。

▌在地特色，擦亮城市

城市的品牌，來自城市在地特色。

城鄉品牌管理，乃將城鄉資源的特色與發展實力，轉化成在地產業、城鎮文創及社會創新的趨勢領導，並與文化經濟、城市行銷和生活風尚結合，創造獨特的識別價值、旅遊魅力和形象利益。

城鄉品牌成為行銷城鄉內鍵資源、整合外部資源、吸引觀光旅遊及國際投資的最佳利器，**品牌管理，展現文化經濟、美學經濟和在地經濟的緊密聯結。**

品牌管理的創能，在於從深植人心的吸引力和認同感，而產生喜歡、選擇、行旅和消費的行動，讓每一個城市放棄想要佔有世界的雄心，因為那是不可能也不值得，更是不應該的事情。

城市的品牌管理，不是為了佔據世界舞台，而是精彩自己、豐富別人。每一個城市在品牌管理中的競爭，應是要令每一位訪客享有實在的驚奇滿足，在旅人的人生中留下美好。

每一個城市，縱有其令人嘆為觀止的自明特色和內鍵優勢，但城市的服務能量仍屬有限，無法無止盡的吸引和供應。城市仍只能選擇無「市」能比或無「市」競爭的場域去發揮。城市品牌管理，讓有限資源不至於浪費在無限的爭奪上。

若每一個城市都有品牌管理的概念，彼此就會欣賞對方的優越性，也能分享自己的獨特性；不會與其他城市爭奪不適合自己發展的資源或活動。

這幾十年來，高雄一直往「海洋首都」的定位在發展；前提是，台灣已定位為「海洋國家」，延伸為「亞洲新灣區」的城市願景。從海洋國家的台灣定位而言，高雄才是「首都」。未來，高雄應該在海洋事務、海洋文化、海洋休閒、海洋節慶、海洋產業、海洋教育、海洋環境中爭取，和發展自己獨特的優勢資源，那是無人能比的。

　　試想，台灣的城市當中，雖然有很多的港口和港都，高雄並不是政治首都，仍可以發展成為「海洋首都」，有誰敢說不可以呢？台灣沒有其它的城市可以與高雄就「海洋首都」爭鋒，這是一種具有城市品牌管理的延續性做法，非常值得借鏡。雖然後來有其他城市學習這種邏輯，首先喊出「農業首都」，但是其品牌的適格性，就沒有高雄「海洋首都」來得自明、合宜、正當。

　　以風靡全球的黃色小鴨為例，它於二〇一三年十月首次造訪高雄，造成首日二十萬人參訪的紀錄。黃色小鴨在高雄陽光燦爛、海洋風貌、港灣風情、水岸景觀，和市民熱情的感染中神采奕奕，更引起其它縣市的稱羨。

　　很多縣市也都非常期待黃色小鴨，能夠帶給它們城市知名度和觀光旅遊新動能。後來，黃色小鴨北上拜訪了桃園，起初它在池塘裡悠浮，但神采已經不那麼亮麗了；最後拜訪了基隆，黃色小鴨不僅憂鬱，甚至爆掉了。

　　網友有趣的評論說，小鴨到「基隆」為什麼會爆掉呢？其精彩的答案竟是，鴨子不適合關在「雞籠」裡。如果從品牌管理的角度而言，每一個城市或每一個地方政府會用不同的敏銳度和精心度去展現自明特色和內鍵優勢，並營造特殊風尚；絕對不會盲目的陷於各種活動排擠性的競爭。

　　這正是品牌管理的能量，它賦予我們一種安靜的力量，它也給予我們自信的力量，正是一種無與倫比的擁有、分享與影響。

▌城市發聲，不必喧嘩

　　近十幾年來，台灣各個城市透過辦理各種活動、節慶和會議來表現城市活力；其中充滿重覆、拼場和爭奪的劇碼，而缺乏品牌管理的真實吸引力和優雅魅力。

　　很多政府局處的公務員，幾乎每週、每月或每季都在辦活動，

從活動中表現績效與活力，甚至期待提升市民對首長的滿意度。這些都是可以理解的，也並非壞事。

可惜事與願違，市民仍感受缺乏；原本期待能夠沉浸在城市的文化傳承和生活風尚中，享受優雅環境和生活驕傲感；並在在地各種社會創業機會中，找到自己的位置和舞台。

可惜城市活動太多、太吵、太缺乏沉澱，忽略了城市可以在深耕生活中默默與世界對話，更可以在安靜中表現魅力與活力。

▌品牌靈魂，安靜的力量

未來是一個品牌管理的時代，大學的學術吸引力需要品牌管理；產品的消費吸引力需要品牌管理；城市的觀光會展吸引力需要品牌管理；區域投資吸引力也需要品牌管理。

但是，品牌管理絕非花大錢買廣告或辦活動搞行銷而已；它是讓一個城市、一個組織、一種產品、一種服務或一個節慶活動，在它的舞台上活出公共靈性吸引力的管理活動。

第三節
再造根知識的獨特力量

　　知識管理，是將組織內外的隱性、顯性知識，轉化成為在地知
識資本的過程。

　　知識管理的重點不在知識本身，而在管理，將「在地經驗」、
「根知識」和「知識資產」創造多元價值的智慧系統。

▌問題不是知識，是管理

　　**知識管理，是將組織內外的隱性、顯性知識資源，轉化成為在
地知識資本的過程**，用來提升組織的績效、決策力、創新力和競爭力。

　　知識管理表現「知識萃取」、「學用連結」和「價值創造」的
能力；強調以資訊系統作為整合和分享的機制與平台，並帶動知識
產業的發展，創造以知識為基礎的經濟活動和影響力。

　　**知識管理的重點不在知識本身，而在管理，將「在地經驗」、「根
知識」和「知識資產」創造多元價值**。一個城市的治理經驗、自明
特色和內鍵優勢，透過知識管理，將更能彰顯其文化厚度及魅力。

　　知識管理的活動包括：發現知識、整理知識、儲存知識、分享

知識、轉化知識、擴散知識和創造知識，並將知識視同資產般的經營管理，創造知識的多元價值。簡言之，知識管理是一種建構和運用根知識資本的系統管理，發揮「知識整合創能」、「知識擴散運用」、「知識支援決策」、「知識價值創新」和「知識服務社會」的多元功能。

其實，每一個人、組織、城市，無時無刻都在生產、創造和運用知識，但是我們卻畏於將知識資源，透過管理轉化成為資本，並產生以知識為基礎的經濟產業、價值創造和思想領導。大學如此，城市也一樣；我們還能創造很多的無限可能。

▌在地知識，是知識管理的雄厚資本

「高雄園冶獎」（一九九五年起）已為高雄建築美學和城市環境美學，累積了非常豐富的在地知識，就看如何被發展成為高雄的知識資本。

一九八〇年代，高雄有一群不動產及建築業的青年創業者，共同以大格局籌組「高雄市建築經營協會」；並積極推動「高雄園冶獎」，為營造優化的住宅環境品質、大樓景觀設計、都市景觀藝術、公共建設美學、校園景觀美學和社區發展創造了大動能。

「高雄園冶獎」頒獎從一九九五年至今已進入第三個十年；並累積豐富的顯隱知識、經驗傳承、建築作品和文獻出版。「高雄園冶獎」若能進行知識管理，其龐大的資源足以發展成為「高雄園冶學」、「高雄建築學」、「南方建築與不動產開發史」、「高雄城市美學史」等相關資本。這將促使高雄在地知識的學術化和國際化，對發展「高雄學」產生極大的力量；也將提供建築和不動產開發產業一個知識性、技術性和創價性的資訊系統平台。

「高雄園冶獎」的發動來自於公民社會的專業社群；其**影響力擴及業界、城市、街廓、社區、校園和公私部門的公共空間、公共**

藝術和公共景觀。同時,「高雄園冶獎」也對台灣其它縣市政府、國內外建築產業界和不動產開發業界產生了巨大的吸引和誘導。一個獎項的發起,帶動了城市美學的社會運動,也造就了一種非常值得發展的知識資產和系統。

具有深度及厚度的高雄園冶根知識,因缺乏資本化、理論化及學術化,因而遲遲未能夠為「高雄學」累積知識能量,發展成具有知識資本力量的「高雄建築學」或「高雄園冶學」。

我們不善於將重要的在地資源,轉化成為具有影響力、有價值感的世界知識,僅僅停留在資料、資訊、人脈經驗和公司品牌的層次而已,沒有辦法與亞熱帶建築發展、城市轉化運動發展,或者是綠建築在地發展做強化連結。

沒有知識就沒有力量;若要能價值創造和產生世界影響力,就必須要學習知識管理。

▌我們要的,不再只是資訊

現在是資訊泛濫的時代,也是再造知識力量的時代。

以「世界台商社群」的世界貢獻度和影響力為例,如果「世界台商總會」的領導者具有「四管創能」的理念和能力,更懂得把「遍佈全球的台商網絡和實力」,轉化成為知識建構和思想擴散的資本,那麼台商的影響力,不再只是生產、貿易或投資,更能影響世界經濟與思想發展。

世界台商一直是我們引以為傲的台灣生命力,但如何轉化成為影響全球社會的知識力量,實在是需要「世界台商社群」重新面對思考,並採取知識管理行動。

台灣企業界,必需從苦幹、堅毅及嗅覺敏銳的經商者,蛻變成帶動城鄉永續發展,和跨文化對話的領導者。

因此，台商在各國企業的投資，必須轉化成「營造在地社會（城市）文明」的向上力量；台商任何經貿活動，必須表現「提升投資國生活品質」的企業社會責任；台商的國際人脈網絡耕耘，必需轉化成「帶動區域整合和社會包容」的社會企業家行動資源。

台商曾在世界經貿有非常優越的表現，並已組成「世界台灣商會聯合總會」來服務國際社會。這些成就足以寫成「世界台商史」；未來，世界台商更應有自信撰寫「台商與世界經濟」和「台商與全球文明」，記載台商重塑世界經濟和全球新文明的標竿和典範。

台灣人民及台商，如果能夠在自己的文化傳承中做「超界跨域」及「創能運動」的反思；培養自己成為全球公共事務治理的「對話者」和「行動者」，那麼我們必定能贏得其他地球村民的尊敬，並孕育出一種知識性和思想性的世界影響力。

一個知識資本雄厚的社會，會醞釀豐富的文明力量，以令人愉悅、舒適的腳步，帶動社會變革進步。文明社會就是一個產生及展現知識力量的社會。**台灣的社會，需要育成真正的根知識力量，而不是生產或傳播更多的資訊而已。**

第四節
價值創造的跨域鏈結

「鎖鏈」產生了限制;「鏈結」卻產生資源整合和價值創造。

1+1> 無限,合作加值而非對抗競爭,價值鏈中的每一份子,因彼此連結創新,讓世界有各種可能。

▌跨領域鏈結,讓任何事都有可能

「鎖鏈」產生了限制;「鏈結」卻產生資源整合和價值創造。

日本的服務特色,認真的把各種不同的服務和輸送系統,鏈結的很完善,產生便捷的優勢吸引力。現代的社會不僅是分工合作、分層負責,更是跨域合作、整合創能和價值鏈動。

日本箱根的觀光旅遊產業,與社區慶典、在地產業、文化藝術社群和社區經濟是完全結合在一起的,形成很好的「上下游垂直整合」及「光譜性水平多元」。反觀台灣,墾丁大街、旗山老街和恆春老街等區域發展,不禁令人嘆為可惜;若大街裡的社區及產業領導者,願意學習價值鏈管理;每一位成員將享受合作創新的經歷和意外的加值收入。

1+1> 無限，合作加值而非對抗競爭，價值鏈中的每一份子，因彼此連結創新，讓世界有各種可能。價值鏈管理，在於跨領域的視野和能力，不跨則垮，就沒得誇。價值鏈管理需要領導者跨域協調、合作和整合的境界和能力。

因此，鏈結在一起的任何一個單位，必須要有共生、共存、共榮的視野和行動。簡單而言，價值鏈管理為每一個組織、每一類產業、每一種產品和每一項服務，創造了產業加值、市場滿意、永續未來的可能。

價值鏈斷鏈，意味著夥伴關係破壞、生產成本增加和競爭優勢流失。例如，同在一個區域中的城市，如何共同營造城市群的價值鏈、生態鏈或共同體，以營造對大家都有利的區域行銷、區域優勢和區域生活圈；這就是一個城市群價值鏈管理的實際例子。

麥可波特（Michael Porter）認為，價值鏈管理是一種產業、產品、服務、功能的增值流程管理。就組織內部而言，**價值鏈管理，使組織內部的業務流程、部門功能，甚至多元產品做有機整合，並將組織各項環節的工作，連結成相互關聯的整體，使組織提升效能、增加產能和創造顧客最高的滿意度**。就組織外部而言，價值鏈管理，使與組織有水平關係和垂直關係的夥伴，共同型塑穩定的供應鏈和有效率的輸送系統。

這不僅為自己創造價值，也為鏈結的每一個夥伴或利害關係人，提供忠誠和共贏的共生關係。

以台灣常見的節慶活動為例，我們經常發現只要節慶活動一結束，什麼東西都不見蹤影了。我們無法在當地真實的日常生活、社區行旅和社區經濟中看到、摸到、買到和吃到具有文化經濟魅力和價值的東西。台灣節慶活動的價值鏈管理，似乎是不存在的，或者說是斷鏈的；因此，無法為在地社區帶來任何的增值或加值，民眾的滿意度只是活動的熱鬧精彩度而已。

　　這是台灣節慶活動的真實寫照，真的缺少生活風尚、文化沉澱、社區傳承、人才培育、在地經濟和文化資本的積累。好像活動辦完了，什麼事情都沒有發生過一樣；因為，我們只有拆毀和恢復原狀，而沒有累積成為能夠創造產值和價值的文化資本。

　　因此，我們應從價值鏈管理重新去思考任何節慶活動的規劃和發展。任何一個在地的文化藝術活動，發展成為具有文化傳承的節慶，並孕育成為一種文化創意產業，更進一步成為當地的生活風尚和社區經濟活動，久而久之，也成為具有文化經濟品牌價值的年度慶典。

管^{就管}_{要得}
有道理

Chapter 5

我為人人，人人為我

在真實的社會生活裡，我們需要持續性的實踐，
因理念而連結的緊密關係和互助合作。

和別人生活在社會中，不可能保持距離；甚至，
彼此擁有超乎想像的緊密關係。

導言

健康的社會連結，將使每一個人看見自己的潛能與定位。

人際互動的過程當中受到的刺激和啟發，讓我們提升格局，擁有翻轉社會的力量。

▋ 賞識連結夥伴的眼光

我為人人，人人為我，就是一種非常有禮貌、捨己感動人，且最自然永續的社會連結（Connectivity）和社會資源創造方式。

社會生活需要學習彼此連結，**連結讓你不僅擁有「團隊」，使團隊成為具有戰鬥力的「軍隊」，更讓「軍隊」擁有忠誠支援的「盟軍」**。

一個多元分殊的社會裡，每一個人或組織都需要與別人連結；連結並不是搞人際關係，或者是營造好氣氛的公共關係活動；社會連結是一種理念結合、關係更新，和互助合作的持續性實踐活動。

有連結就有做偉大事情的可能；若缺乏連結的生活，一個人就只能夠孤單應付或忿忿不平。社會組織間的健康連結，將使每一個

領導者／組織看到自己的潛能，找到定位，知道戰略位置。

互動交往的過程當中，經常受到刺激和啟發，自然的提升了自己的格局。面對問題挑戰的同時，除了看到突破瓶頸的可能，也享受朋友夥伴的互助加持，並加添很大的力量。在解決問題和改造社會的行動方面，得以見證共同合作就能翻轉社會的經歷。

每一個人都知道要「讓天賦自由發光」，**健康的社會連結，將使每一個人看見自己的潛能與定位。**但若只為了自己的益處，天賦絕對無法發光；當我們願意為別人及公共的益處而合作、犧牲時，就能激發潛力天賦。健康的社會連結，讓每一個人與組織的天賦熱情能夠發展，也帶動責任分擔，而使個人的負擔輕省、視野寬闊，影響力變得生生不息。

一個眼睛明亮、心智正面、動機善良的人，對公共事務具有良好的正直賞識力。若缺乏賞識和感恩的眼光，縱使每天忙碌奔波，也無法感受造物者已經賜給我們賴以為生的陽光、水和空氣。

很多社會資源，是可以連結整合創造的；公共事務管理者，就是一位社會資源的連結者、整合者和創造者。「3B 連結」融合「Bonding」散播願景感動，「Bridging」表現連結能力，「Building」創新佈局聯盟，成為三合一創造社會資源的整合能力，引出資源福國利民。

任何資源皆有豐富的源頭與屬性，例如：天賦熱情、人才資本、在地天然、區域優勢及社會文化。社會資源的營造、整合與創能需要格局遠大、富有感動力的領導，與創新執行力及課責（Accountability）和透明（Transparence）的信任感。簡單而言，社會資源可因新賞識力的整合加值而產生創新，並超越傳統交易或慈善性募款捐贈。

人際互動的過程當中，每一個人皆受到的刺激和啟發；讓我們提升格局，擁有翻轉社會的力量。我們對於社會資源運用的觀念，

也不能被現金、財務、物資、善心等傳統的思維所框住。社會資源創新，經常是需要善用介面管理、議題管理、政策管理、天賦熱情管理和感動力管理。

公民社會組織（Civil Society Organization，CSO）和社會企業（Social Enterprise）對於社會資源的創造，一定要有**創新的心智模式、商務模式、品牌管理、知識管理、價值鏈管理等創能作法**。

本章將從民主治理的實踐、公民社會組織的創造本能、社會人才資本發展之志工服務，闡述建構社會資源的 3B 連結行動要領。

第一節
賦權民主大社會^{註 1}

民主是浪漫的，每個人可以不用害怕地談夢想，且有機會使夢想成真，這激起人民對共同生活的熱情。

民主是有力量的，透過公開的參與，能夠公平競爭且漸進的凝結共識，使公共事務得以有效推動。

■ 釋放社會生命力

民主（Democracy）的希臘文原意是「由人民治理」或「主權在民」。

民主具有一種「浪漫力」，每個人可以不用害怕地談夢想，且大環境有機會使夢想成真，並激起人民對共同生活的熱情。民主也具有一種「凝聚力」，多元社會可以透過公開參與，公平競爭且和平漸進的建構共識，使公共事務得以有效推動（吳英明，2005）。

註 1
本章第一、四、五節部分內容，改寫自二○一四年台灣基督教福利會出版之《教會社區發展與志願服務》一書作者發表文章。

民主的精神價值、程序制度和治理模式，其基本要件是培養和訓練人民成為一個有治理能力，能夠透過公民參與，志工服務或社會企業解決社會問題的主人。

因此，我們可以這麼說，民主社會是一個可以展現創新動能的社會。人民既是國家與社會的主人；**就必須學習整合和創造資源，共同豐富公共領域**。一個組織領導者對於資源的賞識、整合力，就是這個組織的創造資源能力。

政府（State）、市場（Market）、公民社會（Civil Society）再加上社會企業（Social Enterprise）建構而成的夥伴關係，彼此具有協力、共贏和責任分擔的關係；不是資源利益的分配，而是**以釋放社會生命力，共同解決公共問題和提升社區利益為導向的創新治理模式**。

現今是一個從「政府威權統治」到「公民參與治理」的時代，我們無法期待任何事情均由政府出面主導，或挹注資源才能成就。公民社會組織和社會企業的主動、合作和創造，日發重要；公民社會組織和公部門之間，發展出權力相互依存、資源網絡連結的合作夥伴關係。

▌英國大社會政策

以英國為例，在瑪格麗特柴契爾夫人（Margaret Hilda Thatcher，1979-1990）執政期間，她與美國總統雷根（Ronald Wilson Reagan，1981-1989）互相輝映的推動「政府再造」、「企業型政府」和「民營化政策」，試圖瘦身政府，並提升公共服務效率品質。

到了二十一世紀，英國安東尼布萊爾（Anthony Charles Lynton Blair，1997-2007）和大衛卡麥隆（David William Donald Cameron，2010-）首相時期，更相繼進一步推動相關政策與產業發展，政府與民間社會組織的夥伴關係，更加緊密。

英國推動釋放社會生命力的「大社會政策」（Big Society Policy）[註2]；其主要的新治理思維和行動包括：中央政府向地方政府、公民社會和市民放權；轉化政府治理模式，下放權力和資金來賦權社區和民眾；連結社區網絡，提升公共服務輸送的效率和品質。

英國政府透過資金挹注和公共政策鼓勵，期待由下而上建立一個充滿活力及公平正義的大社會。

公共資金政策包括：二〇〇九年成立規模達十億英鎊的「社會企業投資基金」；並透過整合金融機構靜止戶資金和 HSBC、Barcklay、RBS、Lloyds 四大銀行合資，成立總額八億英鎊的「大社會資本」（Big Society Capital），建立民間發聲管道運用社會資源、健全經濟市場。[註3]

布萊爾在二〇〇六年設立「第三部門辦公室」（The Third Department Office），卡麥隆在二〇一〇年設立「市民社會辦公室」（Office for Civil Society）鼓勵社區行動改造社區事務，透過教育管道孕育社會企業文化，並培育社會企業能力；二〇一二年通過「社會價值法案」（The Social Value Act）要求任何政府公共採購得以

註 2
檢索日期 2015.10.30
http://www2.evta.gov.tw/safe/docs/safe95/userplane/half_year_display.asp?menu_id=3&submenu_id=552&ap_id=1933
http://se.wda.gov.tw/FrontViewController.do?action=fileDetail&fileid=239&menuid=C000123

註 3
檢索日期 2015.10.30
http://www2.evta.gov.tw/safe/docs/safe95/userplane/half_year_display.asp?menu_id=3&submenu_id=552&ap_id=1933
http://se.wda.gov.tw/FrontViewController.do?action=fileDetail&fileid=239&menuid=C000123

不單考慮最低價格標，而必須注重社會、環境等公共價值的實踐；建立「社會企業標章」（Social Enterprise Mark）促進公益消費、公平交易與採購。

社會企業績效的衡量標準，也從傳統的「投資報酬率」（Return of Investment，ROI）轉為「社會投資報酬率」（Social Return of Investment，SROI），才有助於社會永續發展。

英國大社會政策，同時鼓勵各種以公共利益和社區利益為導向的「社區利益公司」（Community Interest Company，CIC）創業。CIC 的本質就是社會企業和社會創業，透過在地行動和活絡的創業管理，達到提供公共財的目的，實踐在地公益性，注重社會投資影響力，更甚於投資報酬率。註4

從英國的例子可以看見，政府參與公共治理的再造行動，從原始以破除官僚心態，提升行政效率，積極為民服務的「行政改革」和「行政革新」，演進到建立顧客導向的公共服務型政府，引進民間資源參與公共事務、「政府再造」和「企業型政府」，提升國家競爭力；更進一步成為**釋放社會活力，創造夥伴關係，共同解決社會正義問題的「大社會」**。

新治理觀不僅改變了政府統治的本質，也改變社會發展的心智模式和遊戲規則。

想要產生領導力及影響力，無法僅靠傳統權利和資源的獲取，而必須實踐新治理觀所開創的新價值。這些都不是沿用傳統的官僚體制或市場交易來進行，例如政商關係、募款機制、理財投資、商品交易和利益交換就可以達到的。

註 4
檢索日期 2015.10.30
http://www.baike.com/wiki/%E5%A4%A7%E7%A4%BE%E4%BC%9A
https://en.wikipedia.org/wiki/Social_return_on_investment

第二節
企業志工滾動大時代

志工，已成為現代化的社會，解決公共問題及參與全球治理的人才資本。

志願服務人力，不僅強化民主生活，更活化民主治理，也深化公民社會力量。

企業志工所追求的，是想要看見創造改變的可能。

▌志願服務，是綠色國力指標

綠色國力，是現今國家發展的重要指標，包括公民社會活動、志願服務人力資源、NGO（非政府組織）與 NPO（非營利組織）的數目、文化藝術活動和消費、閱讀人數、學習資源、社會企業發展等。

換言之，新治理觀中的每一部門，政府（State）、市場（Market）、公民社會（Civil Society）及社會企業（Social Enterprise），都必須正視其組織如何強化綠色國力指標的健康發展。

隨著台灣民主化和公民社會的蓬勃發展，國內志願服務與國際接軌的論述和策略，從二〇〇〇年起產生了巨大的改變。當時，政府與民間部門非常強調台灣公民社會組織與國際 NGO 接軌、第三

軌彈性外交和城市外交參與全球治理的作法。

志工，已成為現代化的社會，解決公共問題及參與全球治理的人才資本。

這種趨勢鼓舞了國內學者、非營利組織領導者和政府部門透過公私部門協力夥伴關係，於二〇〇一年創立「台灣國際志願服務交流協會」[註5]（IAVE-Taiwan）；與國際非政府組織型態的「國際志願服務交流協會」（International Association For Volunteer Efforts，IAVE）完全接軌。

至今，「台灣國際志願服務交流協會」仍努力推動公民社會國際接軌、志願服務國際交流、全球治理國際倡議、全球企業志工和社會企業發展，讓台灣的志願服務連結全球公民社會發展和全球治理行動。

目前，最為國人所熟悉的就是 NGO 及 NPO，全力發展志願服務及服務學習，共同參與社會服務、社會福利和公共事務。其實，**志願服務人力資源**的發展，就是社會人才資本的開發與運用；它**不僅強化了民主生活，更活化了民主治理，也深化了公民社會力量。**

當我們談到社會資源的開發與創能，NGO 及 NPO 必須要學習，以更現代化的人事管理、人力資源發展、社會人才資本和社會企業發展來推動志願服務。因為志願服務工作者，不僅參與社會服務，更以天賦熱情進行社會創業，共同創造解決社會問題的可能資源。

註5

在「財團法人亞太公共事務論壇」（Asia Pacific Public Affairs Forum，APPAF）和行政院青輔會的主導，伊甸基金會、勵馨基金會、水源地基金會等 NGO 的全力合作，及林芳玫、吳英明、鄭讚源、陳建松、黃榮墩、黃淑芬等學者人士的努力中，「台灣國際志願服務交流協會」（IAVE Taiwan）於二〇〇一年成立，並推選吳英明教授擔任創會會長及 IAVE 國家代表，黃淑芬小姐擔任秘書長。吳英明理事長並於二〇〇四年 IAVE 巴塞隆納年會受選為 IAVE 國際董事；二〇〇六年後由黃淑芬秘書長獲選接任。

　　這種社會人才資本和社會創業的發展趨勢，是 NGO 及 NPO，甚至是企業組織，必須重新正視。

　　全球化（Globalization）趨勢啟動開放性的全球治理（Global Governance），是一個講求資源整合、協力關係、跨域合作、網絡治理和代際負責的創能治理（Enabling Governance）時代。意味著公共治理的發動權不再專屬於組織、企業、城市或國家，任何人都有機會創造動能、領導改變和服務社會。企業雖能透過品牌管理和社會行銷來創造資源，但**最能撼動人心的，仍是因價值而驅動的文化、領導力和撐起大社會的志工人力資源發展。**

▌滾動時代，企業志工還能做更多

　　《撐起大帳篷 滾動大時代：企業志工的全球創能實踐》（博思智庫出版，2015）一書闡明，全球企業志工（Global Corporate Volunteers）是搭撐大帳篷（Big Tent）的高行動力群體，有多元的功能和價值。

　　大帳篷是個「大舞台」，不同的企業志工在這個舞台上熱情表現使命和才華，提供社會服務。大帳篷也是「大平台」，使各種不同的資源，透過界面整合，為社會發展和改造創造多元價值，透過志工服務，展現人道關懷和知識交流。

　　《聖經》中，帳篷有其屬靈和神聖的價值，它象徵著上帝的居所、權柄的所在及敬拜的會所。因此，企業志工「撐起大帳篷」的行動，不僅表現在各種活動和服務，更重要的價值在於趨勢領導，彰顯人類永續發展的決心行動。

　　全球企業志工之所以能夠「撐起大帳篷，滾動大時代」，因為企業組織提供了追求價值的企業文化、優質領導力和自發性實踐行動。**企業志工所追求的並非慈善性的服務行為，而是對更美好的社會有一種神聖的不滿足感，想要看見創造改變的可能。**

　　企業志工的 DNA，具有表現「志」、「工」、「公」的公共熱情。「志」是指非強迫性、堅定意志和成熟情緒管理的友善服務；「工」為專業熱情、接受挑戰、辛苦流汗和享受犧牲的服務工作；「公」則是對公共領域、公民社會和公共價值的委身學習，並期待帶來更公平的社會生活。

　　因此，志願服務發展已在慈善性、公德性或社會責任性的社會服務中累積演進，更成為一種參與全球治理（Global Governance）、提升優質善治（Good Governance），並滾動全球社會運動（Global Social Movement）的創能力量。

　　面對全球化趨勢的大時代，任何一間企業及其組織領導者，必須更有願景的建構「企業志工」的組織文化、組織發展和治理行動；如此，這個企業組織及其產品品牌，才有可能受到愛戴，產生深植人心的價值認同。

　　現今社會的消費者，越來越重視公共價值及公平交易；而發展企業志工，就是宣示企業組織文化追求的價值，這也將牽動消費者的選擇、產品認同和品牌忠誠。

　　《撐起大帳篷 滾動大時代》一書不斷強調，全球企業志工的服務和發展，有因地制宜的多元方式，並沒有最好的模式（There is no best way）。但是，縱使沒有唯一模式，卻都要盡力而為（There is no best way, do your best anyway.）。

　　全球企業志工的創能實踐，不在於理論或模式的套用，而是經常性認真確實的為在地社會，持續做一件美麗的事情。

第三節
社會創業者的公共修鍊^{註6}

社會創業，是善於辨識、開發及運用資源，照顧被忽略或邊緣
化的群體，為社會做一件美麗的事。

社會創業都必須接地，資源運用和商務模式與在地經濟、社區
產業和文化產生緊密連結，才能解決在地問題、強化社區經濟。

▋ 無論哪個位置，都能改造社會

傳統的公共事務參與者，追求公益、促進改革和創造資源，具
有慈善事業家、公益公道伯和社會夢想家的內斂堅持。

隨著社會「微權力」發展的變化，公共事務管理者不必追求「大
權力」或「大巨頭」，就有可能實現「大夢想」（Moisés Naím，陳
森譯，2015）。

現代公共事務管理者，更在乎透過創新創業的過程，連結「微

註6
本節由林慧音博士（2016）參考其博士論文《創業精神與社區發展─開創觀點下返鄉
青年創業歷程探討》撰寫，高雄：國立中山大學企業管理學系。

權力」、「微經濟」和「微產業」，創造資源改造社會，並散播感動力、營造共同體。換句話說，公共事務管理者，比任何人更要具備社會創業者（Social Entrepreneur）精神和社會創業（Social Entrepreneurship）實踐，透過社會企業（Social Enterprise）商務模式，重新營造「由下而上」、「在地連結」和「社區行動」的資源創造。

公部門創業者（Public Sector Entrepreneur）是一位對公共事務具有新賞識力，且展現一種鍥而不捨創新精神的公務員。他們表現依法行政的公務倫理和創新的心智模式；願意賦權社區和民間社會，並與私部門和公民社會組織形成夥伴，共同推動公共治理。

公部門創業者勇於任事，不推諉回應群體目標訴求，具備處理複雜問題的領導力，給人一種具公信力的信任感。我們可以藉由測量領導者創新來源、創新形式、創新領導、障礙排除的溝通能力和創新作法的支持程度，來評估公部門組織及其領導者社會創業精神的高低。

對非營利領域來說，**社會創業是善於辨識、開發及運用未被發掘的資源或無人競爭的場域，並鍥而不捨的整合資源，照顧受社會忽略或邊緣化的群體需求。**在非營利社區發展組織（Nonprofit Community Development Organization）方面，社會創業者則可以定義為，鍥而不捨的滾動社會人力資源，及創新社區文化資本，以守護社區利益和改善社區經濟為導向的行動家。

英國大社會政策所推動的「社區利益公司」（Community Interest Company，CIC），展現所謂社會企業家的精神，是一種想要**透過創業行動，守護社區利益，為社會做一件美麗的事。**

縱使它產生的經濟效益並非巨大，但是對社區利益或公共利益具有前仆後繼的效果，深化社區經濟、美化社區街廓、再生環境資源、改善社區問題。

私部門領域的社會創業，民間及企業團體願意透過網絡治理、價值鏈管理及協力合作，建造共榮共贏，為公共領域創造永續的環境和財務資源。受到資本主義及市場經濟的影響，私部門的企業社會責任，總是以提撥獲利作為回饋社會的公共關係手段；這並非不好，但總是給人一種要以公司獲利為前題，才有可能履行社會責任的味道，缺少願景式領導、僕人式服務和生命式見證的精神和持續感動力。

近年來，各種公益創投或創業基金募資平台的概念和作法，廣泛受到私部門的創新運用，集結力量共同挹注青年創業和社會創新的提案，間接的整合社會資源，共同改善社會問題。

總而言之，**不同部門的社會創業者，展現鍥而不捨的精神，以創新治理改變組織既存的心智模式**，探索創業機會和設立社會企業，進而創造提高社會財富（Social Wealth）的效益。

▎創業者的核心能力

社會創業者，就是一位改變社會的人，並非透過政治權力或政治資源來創業，也不以政治人物或企業領導者的社會網絡，動用內鍵人脈和資金來創業。

社會創業者經常扮演教練（Coach）、治療者（Therapist）和規劃者（Planner）的角色，展現的領導力和執行力來守護家園、創造公共財富和帶動改革。有的人表現出專業性的戰略佈局和策略規劃能力；有的人成為非常高支持性的陪伴指導者；有的人就是一位能夠感動人心的社會療傷者。

社會創業者目標是帶動社會改變，必須避免本位主義。社會創業有其不同的創業動機、使命、定義、機會、資源和模式，不要陷入成王敗寇的陷阱，耐心尋求任何概念的公約數和共同性；避開任何可能產生干預的因素，鞏固領導能力並得到合法地位，釋放多元社群的力量和創意。

「社會創業者」既以社會（Social）為名，應該要帶動社會和諧、解決問題和社會成長。既然要獻身社會創業，那麼社會創業家必須要有「變革」、「創新」、「冒險」、「整合」和「服侍」的能力；堅守公共價值及營造社區復興。

「社會創業者」與「企業創業家」的不同，前者注重實踐社會使命和創造社會資源；後者把握投資獲利時機及營造藍海策略，為自己及企業創造最大的投資報酬率。

「社會拼湊者」（Social Bricoleur）、「社會建構主義者」（Social Constructionist）、及「社會工程師」（Social Engineer）等，為三種主要類型的社會創業者（Zahra，2009）。這三者在「如何發現社會機會」（社會創業機會的搜尋過程 Search Processes）、「如何評估、決定對廣大社會系統的影響」、「如何整合機會創造所需的資源」等方面，有其不同風貌的展現。

「社會拼湊者」善於觀察及關懷當地小規模的社會需求，並採取立即行動。例如，泰國社會創業者 Stephen Salmon，支援農村人口和山區少數民族，於泰國當地創立泰國工藝協會，提供穩定的收入來源，發展山區部落的工藝銷售，藉由小股份營業收益，保存泰國多元化的工藝傳統。

「社會建構主義者」注重矯正對顧客和消費者，不當剝削和不公平交易，主動開發機會解決政府失靈（Government Failure）和市場失靈 （Market Failure）問題，向廣大的社會系統引進創新改革。

菲律賓社會創業者 Mark Ruiz 創辦微型創業基金會（Micro Venture Foundation），鎖定菲國鄉村婦女，提供企業管理和個人發展教育課程，藉由對鄉村婦女的培力發展機會，提升家庭經濟收入，逐步改善豐富家庭飲食、健康、讓兒童有機會接受教育。

這種由婦女所創業經營的微型便利商店，已不斷地在菲律賓各地複製擴散，目前已達一百萬家的市場規模，讓菲國貧窮家庭逐步

邁向富足與幸福，實際解決菲律賓貧窮循環問題。

「社會工程師」辨識出現存社會系統中的結構問題，引進革命性的創新機制，期待翻轉再造社會。「社會工程師」創業規模，從國家到國際範圍，試圖建立挑戰現存秩序的永續架構。最知名的例子，是孟加拉的社會創業者——尤努斯。

尤努斯透過創新的微型金融機制，在孟加拉當地實施擴展，讓婦女們將貸得的資金集合運用，創造出許多微型新創事業，為孟加拉整體國家發展帶來了由下而上的曙光。

尤努斯進一步將成功的社會創業經驗，於經濟邊陲國家設置「尤努斯中心」，推動社會企業教育、行動研究計畫以及知識傳播。目前「尤努斯中心」已經成為開發中國家重要獨立開放平台，提供公部門、私部門、學術單位以及綠色企業交換資訊與意見，關注於如何解決貧窮問題，提供區域經濟永續發展顧問諮詢服務。

簡而言之，「社會拼湊者」注重探索當地的（Local）小規模社會需求；並以在地連結和社會實踐為基礎。「社會建構主義者」表現系統思考的論述和規劃，等待和開發機會，解決政府失靈和市場失靈問題；針對多元社會和其次級系統，以創新作法引進漸進式改革。「社會工程師」則勇於辨識現存社會結構性問題，或共犯共生性惡習，引進變革性的社會再造基礎工程，並嘗試推廣到其他社會。

社會創業家雖有不同的型態，但是共通點是改造過時的系統，並以更新、創新和更合宜的系統取代。

▍前進故鄉，超萌商機

社會創業都必須接地，資源運用和商務模式與在地經濟、社區產業和文化產生緊密連結，才能解決在地問題、強化社區經濟。近年社會創業與區域發展、社區經濟和經濟正義等相關議題，具有明顯成長趨勢，成為超萌商機。

「老年在鄉授業、青年小鄉創業」、「科技新貴返鄉創業守護家園」和「老青共學共創」等社會運動風起雲湧。「輕旅行」、「自由行」、「體驗休閒」、「創業行旅」等旅遊型態，帶動社區鄉村的經濟，與在地文化創意產業的蓬勃發展。

人際互動和商業發展，雖無法掙脫資本主義和市場經濟法則，卻也造就在地社會和當地社群，發展有效直接的在地行動，解決自己的社會問題。**面對全球化、經濟自由化與工業化發展所帶來的惡質壓力，社區再生和社區經濟，已引發公共事務管理者的高度重視。**

台灣為了因應經濟自由化的趨勢，於二〇〇二年加入「世界貿易組織」（World Trade Organization，WTO）；這也造成台灣在地製造業快速外移，和大部分農村產業凋零，更導致鄉村人口流失和鄉村空洞化。面對這些普遍淒涼景像，美濃一群外出的年輕人，毅然決然返鄉投入家鄉再造和社區經濟活化的偉大工作。

高雄美濃，雖是一個沒有傳統工業的小鎮，美濃返鄉青年仍然在逆境中，找到扭轉農村情勢的新出路。

美濃這個位於南台灣，人口約四萬的農業小鎮，面臨台灣加入「世界貿易組織」（WTO）的國際貿易衝擊，農民賴以為生且產值逾十億元的主要農作物，幾乎一夕頓滅。

經過十幾年後，**透過返鄉青年社會創業家的努力，美濃農會在二〇一四年存款已突破六十億元，五年來反而逆勢成長 43%**；我們似乎看到美濃在地產業轉型和社區經濟活力的再現，也讓美濃散發更生動的客家文化質感。

對於處於經濟邊陲的社區和區域而言，若以市場經濟、世界分工和製造業競爭力的觀點討論社區發展，很容易自我否定，且悲觀的看待區域發展和社區再生的可能性。我們無知的誤以為，在地社區的傳統產業既已外移，該社區就沒有可供經濟生產的元素，在地產業只能坐以待斃。真的是這樣子嗎？

　　台灣傳統「拼經濟顧肚子」、「只有讀書才有出路」和「大學畢業才有就業」的思維，徹底蒙蔽我們對新經濟的多元思考，以及社會創業連結文創的威力。「新經濟」是連結在地創造價值的生產活動，需要新眼光、責任感和在地創新的商務模式。

　　從許多國內外的社區再生案例中，我們有了令人興奮的觀察和啟發；市場眼中的凋敝地區，仍能仰仗天賦熱情和創新機制的在地反思活動，不僅使凋零社區獲得再生，更豐富了在地的人才資本、知識資本和文化資本。

第四節
公民社會組織的 資源開創本能

公民社會組織（CSO）的本能，是貼近需求、感動人心、創造資源和發展行動。

開創社會資源不是為了累積利潤財富，而是創造永續資源和營造社會動能。

█ CSO，創業行動者

公民社會組織（CSO）的本能，是貼近需求、感動人心、創造資源和發展行動。

賞識、轉化社會資源，是公共事務管理者需要學習的開創（Entrepreneuring）能力。**任何組織環境不僅充滿挑戰、障礙和競爭，更充滿了夢想、資源和機會；把外在資源轉化成為組織需要的動力，表現整合能力的人際溝通。**

人才資本和環境資源，永遠是組織中最重要的資源，這與傳統「有錢好辦事」的觀念有相當大的差距。**當心被感動，夢想被實踐，社會資源自然而然到位。**

　　華里克（Rick Warren）牧師曾說過，會友的捐獻並非只出於愛心，更是因為異象與夢想引動熱情。因此，社會組織必須要有開創的心智模式和行動，才能感動市民、組織、消費者，把夢想、天賦和資源的力量釋放出來，創造更多的社會資源。

　　公民社會組織的社會創業活動，並非鎖定在創造經濟性財富，其動心起念更是想倡導議題、改造社會、創新制度和深耕文化。CSO 社會創業，是以強化財務自主性和改造社會為導向的生產計畫活動。CSO 的創業行動者，期待透過個人或團體經營「社會企業」或「社區利益公司」，共同開創新局面。

▌小社區，大藍海

　　一九九〇年代初期，台灣社會風起雲湧的討論，建構由下而上的公民社會；城市開始進行進階版的社區發展工作——社區總體營造。

　　社區總體營造，是一門跨領域與跨學科的實用性知識與科學，它的價值在於「造人」、「造環境」、「造魅力」和「造生活資源」。

　　「造人」乃是將一群人轉化成為公民，這是一群具有公民識別的社群，具有社會智商和公民禮貌的公共事務參與者，成為有治理能力的公民社會主人。「造環境」乃是培養人民對公共領域及公共利益的尊重，並能創造公共財、營造生活品質和展現公民美學的生活環境。

　　「造魅力」乃是整合一個地方特殊的人文、地理、節慶和生產等資源，創造文化傳承及生活文明的魅力。「造生活資源」則是利用上述「造人」、「造環境」、「造魅力」所產生的動能，成為社區在地產業和社區經濟活動，並因而創造產值、產能及價值 。

　　面對「高捷和高鐵興建規劃」、「蓮池潭風景區改造」、「原生植物園改建」、「北高雄未來發展」等相關社區議題的刺激，一群從各地搬來住在高雄市原生植物園附近的社區朋友，受到社區總

體營造理念的啟發，萌發採取社區行動的倡議。

經過社區讀書會教育訓練以後，結合社區各大樓管委會和社區人士支持，爭取集泰、福懋、興總等建設公司響應，於一九九八年設立「高雄市原生植物園創價協會」註7。

為了讓社區營造工作能夠永續發展，社區幹部更得到集泰建設的支持，得以順利購買自己的社區辦公室，並擁有現代化的辦公設備。社區領導幹部更積極整合居民的專長和天賦熱情，共同推動參與「原生植物園改造」、「原生植物園入口意象建設」、「曾子路連接高鐵入口意象」、「反對高鐵路綠地變停車場計畫」、「曹公圳整治」，「蓮潭國際文教會館整建案」等相關社區營造活動；且取得「世界衛生組織」（WHO）所推動的「健康社區」和「安全社區」認證。

為了宣傳社區營造的理念及拜訪、鼓勵其他社區，「高雄市原生植物園創價協會」更於二〇〇三至二〇〇四年間，在社區熱心人士陸續捐助下，得以購買改裝「公民一號」、「和好一號」和「真愛一號」，成立「公民車隊」（參見附圖，頁一四六），進行公民社會的再造運動；並協助政府部門參與抗 SARS 的各種推廣教育及活動。

從基督教會社區宣教的實務而言，越來越多都會型小型教會深根社區，更為社區朋友提供「心靈生活館」、「終身學習會所」、「公

註7
一九九〇年代初期，高雄市原生植物園附近僅有少數大樓及透天厝。隨著人潮往北高雄遷移的趨勢，原生植物園附近社區成為一個鬧中取靜的優雅生活環境。一九九〇年代中期以後，「學院書香園」住戶及社區大樓管委會領導者，李孟賢、黃孝棪、羅振宏、陳幸婉、陳惠容、李建廷、林富銘、楊啟賢、丁筱倩、吳英明……等人，共同合作使社區營造漸成氣候。初期營運部分得到林慶雄、林玉琴、康錫煌（集泰）、郭騰鴻（興總）、涂耀斌（福懋）、呂新發、吳金龍等建設公司幹部和個人無怨無悔的支持。「高雄市原生植物園創價協會」於一九九八年六月二十日成立，社區居民推舉教育界前輩黃孝棪先生擔任理事長，吳英明教授擔任秘書長，丁筱倩擔任社區總幹事，展開社區營造工作。

民參與場域」等空間。以二○○四年成立的「高雄市基督教光美教會」為例，經過多年深根經營美術館社區，在其建堂的過程中也為社區提供一個開放性的「美館社區公民館」^{註8}。

「公民館」的概念，取自於日本的社區活動中心、台灣的里民活動中心和菲律賓的 Barangay Hall，其功能就是提供一個舒適、愉快、成長的社區討論空間；任何不特定的居民，可以利用公共討論的機會，對社區事務做創新發想。

二○一五年，美術館社區居民開始了「終止中輟生快樂行動」。一生成長的過程當中，為了升學、就業和家庭，經常讓自己的天賦熱情中輟了；美館社區的朋友，決定找回自己中輟已久的那個久存夢想和嚮往才能。因此，「美館社區合唱團」及「美館社區管弦樂團」相繼而生。

民主社會有多元天賦、熱情使命和行動平台。任何一個 CSO、NGO 和 NPO，對社會資源的整合運用，必須要很務實的將「想解決的社會問題」、「可以解決問題的天賦熱情」和「願意支持的社會資源」相結合。如此，解決社會問題的相關資源，便會源源不斷的創新而來。

社會資源需要一種能將天賦熱情整合起來的動力，創新商務模式和高徵信透明度；任何公民社會組織，如果缺乏創啟社會資源的本能，其存在的價值和功能，就會隨之喪失。

開創社會資源不是為了累積利潤財富，而是創造永續資源和營造社會的動能。

註8
「高雄市基督教光美教會協進會」為一個社區宣教型教會，由呂淑清牧師和黃華文傳道帶領開拓，成立於二○○四年。它於二○一二年遷入所購置位於美術南二路的新堂，並將其一樓的空間命名為「美館社區公民館」，希望能夠為附近的各大樓及獨棟居民，打破各自為政的壁壘，提供一個可以奇妙相遇、討論社區事務的公共空間。

▼高雄好公民車隊之一 2003 年「公民一號」

▼高雄好公民車隊之二 2004 年「和好一號」

▼高雄好公民車隊之三 2005 年「真愛一號」

第五節
3B 連結──
巧構社會資源網絡

人可以被感動，也需要被感動。社會資源早已存在於每一個角落，必須要有感動人心的犧牲、榜樣和使命，才能整合和運用。

這是一個連動共振的社會，任何一種使命、事件或活動均與其他社會團體相互影響，也必能牽引認同互助。

▌ Bonding ── 人是需要感動的

願景感動，讓人看到希望、引爆熱情。

這是講求品牌管理及感動力管理的時代，任何一個 NPO 及 NGO，都必須學習在議題、會員、顧客、利害相關人及社會形象，產生散播感動力營造共同體的成效。

組織的公共關係部門，必須在敏銳度及同理心上連結人民生活，如此才能贏得社會共鳴、關注與支持。夢想與願景產生強烈情感，驅動奉獻，例如《聖經》中「小朋友獻上五餅二魚」及「寡婦獻上養生銅板」，**人可以被感動，也需要被感動。**

「僕人式領導」（Servant Leadership）捨己犧牲，「牧羊人領

導」（Shepherd Leadership）成為人群榜樣，「英雄氣概式領導」
（Heroic Leadership）實踐使命，都是一種感動人心的領導力。

**社會資源早已存在於每一個角落，必須要有感動人心的犧牲、
榜樣和使命，才能整合和運用。**

▌ Bridging ——架橋，創造介面，連結更多

架橋協調力，是創造介面穿針引線，使組織基礎穩固的連結
行動。每一個組織都有所關注的社會議題和政策議程，必須掌握
社會脈動、政策趨勢和公共事件所創造的「政策之窗」（Policy
Window）。

政策社群應具有敏感度和特異架橋能力，將看起來似乎不相關
的全球事務，把握政策之窗所帶來的機會，透過宏觀的系統思維，
創造各種互動及合作平台。

**這是一個連動共振的社會，任何一種使命、事件或活動均與其
他社會團體相互影響，也必能牽引認同互助。**只要連結正確的對象，
就能創造所需的社會資源。不同的社會資源之間，都有價值鏈和生
態鏈之關係，端看領導者能否用系統性的眼光，創造介面整合串聯，
成為社會新資源。

▌ Building ——創新佈局，達成目標

創新佈局，是一種組織盟軍達成目標的行動。

任何一個 CSO、NPO 及 NGO，必須要培養戰略佈局及策略
規劃的能力；認知自己的優勢，邀約夥伴佈置共贏賽局。因此，
Building 就是建構總體佈局、策略行動、協力關係、創新商業模式
和資源網絡。

從「網絡治理」的運作而言，任何一位參與者應抱持專業謙虛
的態度，去本位化、中心化，把握多元、動態中心的網絡治理良機，

建構跨域協力的社會關係；透過價值鏈管理和創新心智，共同建構互相支援的永續網絡。

若期待社會資源各就其位，那麼社會組織領導者就需要表現誠實的勇氣，願意為社會奉獻；這些都是一個令人尊敬的佈局者應表現的公共靈性，否則，各種佈局聯盟可能只是爾虞我詐、各懷鬼胎或近視短利的安排，無法為社會組織創造永續發展的資源。

全球化因資本主義、市場經濟、資訊傳播科技和交通運輸科技等要素，而擁有大規模生產（Mass Production）、消費（Mass Consumption）、傳播（Mass Communication）及參與（Mass Participation）的特色。

具體而言，人類組織與活動的空間形式，在活動設計、相互連結及權力運作方面，轉向了跨國、跨區域、跨文化或跨科際的變化，涵括各種社會關係、制度和機構，在時間和空間上的強化與深化。

因此，感動整合、跨域合作和夥伴關係，都是建構社會資源網絡的金科玉律。

我們對資源的看法必須超越和創新，社會資源存在於組織網絡，更存在於環境與動能之中。整合社會資源，不能只限於有形的物質或物件，人才、天賦、機會、品牌、環境、社區、或社會事件，其實都是資源。

任何一個公民社會組織，絕對有其特殊條件和相對優勢，其組織領導者應善用 3B 連結要領，來整合資源、創造資源和永續經營資源。

管就管要得
有道理

Chapter 6

公共事務管理的
公共原理

為了師出有名，可以冠上「公共」來美化和保護
自己；為了興訟恐嚇，也可以冠上「公共」來指
責和陷害別人。「公共」再怎麼樣被使用，均應
表現其公共性和公民性基因；不能以冠上「公共」
之名，而行破壞或掠食「公共」之實。

成為有治理能力的主人

Democracy（民主）這個字的希臘文原意是「Ruled by the people」；意指主權在民，由人民治理。因此，優質民主治理應該培養人民成為有治理能力的主人。民主治理（Democratic Governance）強調治理的本質和績效在於培能人民、鼓勵參與、受人民監督和向主人負責。

▌成為成熟的公民

民主治理的過程中，必須實踐「法治」及「法制」的精神和規範，使「政府的權力和作為」及「人民的主張和行為」都不能違反「人民作主」、「受人民監督」和「向人民負責」的民主原則。因此，民主治理的公共原理就是以民主原則保障「多元民主」的價值。

民主價值就是堅持和實踐基本人權、自由平等、公共利益和統治合法性；使任何統治形式必須經過人民的同意，人民成為能行使同意權的人民；人民能夠即時獲得充足的資訊，成為知的人民；人民有多元平等參與的機會，真正成為有治理能力的主人。民主治理中各種機制運作和倫理規範，其目的乃在尋求，如何在不同時空社

會系絡裡活化當代民主價值。民主治理絕對不能偏離、違背民主價值和民主運作的基本原理。

從民主憲政體制的內涵而言，民主治理強調民主國家政府部門的權力分立、權力制衡、權力監督和責任政治的運作機制；透過各種政府制度、課責機制、公開選舉和媒體自由，規範政府、政黨和公僕謙卑的向人民負責。

因此，民主治理雖然有其必須遵守的憲政制度，但最後仍須回歸到公民生活、公民參與、公民社會、公共利益、公共財富、公共服務、社區發展、城市治理、區域治理等不同的公共領域中才得以真正落實。

優質的民主治理，使人民的生活脫離部落臣子的捆鎖、世襲權貴的壓迫和市場經濟的剝削；使人民能夠展現自由意志和自主性生活；並有機會將天賦與熱情貢獻予家庭、社區、城市和社會。所以，就民主治理的學科領域而言，公共事務管理的「公共原理」就是以民主原則實踐多元民主的價值。

▌無所不在的公共性

菲律賓宿霧市市政廳外牆上高刻著「Public Office Is A Public Trust」，中文可譯為「公職即人民的信任和信託」。

此處的 Public（公共，民眾）闡述了一種基本的原理，就是任何與民眾（公共）有關的權力、職務和作為都是出於人民的信任和信託；終究必須要向人民負責和受人民制約。因此，當我們論述公共事務管理的「公共原理」時，不僅讓我們區分不同公共學科領域的公共內涵，更能夠了解多元公共價值的實踐原理。

「公共性」就是每個人對自己的行為或主張，會對公共領域造成影響的敏感度；這種公共敏感度，創造了公民間特殊的公共責任和生活準則。「公民性」就是公民間共同享有文化傳承、生活經驗

和驕傲感的根感程度；這種共同生活傳承，創造了公民間特殊的共同體精神和生活風尚。缺乏「公共性」和「公民性」的公共，是缺乏靈性且空洞無益的。

公共事務管理的「公共原理」，並非只是一種學術的邏輯與論述，而是一種實踐公共價值的做法。「公共」的內涵有其普世性的多元，它可以是大眾的、群眾的、人民的、公用的、公家的、公約的、共同的或共通的。「公共」既然具有如此多元屬性；因此，也惟有透過多元的公共治理機制才能落實；並在多元的「公共」生活中產生「令人民滿意」、「向人民負責」和「受人民監督」的多元績效。

其實，當「公共」與其它名詞連結的時候就會產生不同的專業領域和學術科際，進而轉化其管理內涵、運用原則和實踐行為。因此，公共事務管理的「公共原理」所探討的就是多元公共價值在相關領域（Sphere/Domain）和學科（Discipline）的實踐方式；及這些主要學科領域如何豐富多元的公共生活。

第二節
後國家時代的玩伴與玩法 ▪▪▪▪▪▪▪▪

全球化的趨勢，讓世界社會的運作產生徹底的質變，世界社會
已從「國際社會」轉化為「全球社會」。

這也正式宣告後國家時代（Post-nation Era）的來臨；但這不表
示國家已沒有存在的價值，而是國家已經不再是唯一主導全球
治理的國際行為者。城市將比國家更耀眼，區域將是新生活圈。

▌全球化下的社會質變

國際關係（International Relation）已漸被全球治理（Global
Governance）實質取代。這代表參與場域的開放、參與者的多元、
影響範圍的全面全觀（GloNaCal）；世界社會，變成一個以全球為
場域的公共領域。

全球治理的時代，非國家行為者顯得更多元、更積極和更可以
主導參與全球事務；主要的非國家行為者包括城市、多邊和多國的
經濟組織、公民社會社群、非政府組織社群和全球社會運動。其中
最具有政經實體般影響力的就是「城市」。因此，「城市」參與在
全球公共事務和全球治理的舞台和機會大大的擴張了。

▌城市，將比國家更耀眼

「城市」的全球角色和功能誘導，迫使國家不能再用傳統的行政層級框架來控制。城市不僅是國家人民選擇居住的地方，也是多數地球村民群聚的地方。未來，全世界百分之七十以上的人口，都將居住在城市或城市化（Urbanization）高的區域。若城市問題能被合理改善或解決，全球的問題較能夠迎刃而解。但是，不幸的是，這種邏輯經常是與現實不符的。

世界各國領袖嘗試用「城市化」來表現國家現代化進步的象徵；殊不知城市化創造的問題比解決的問題更多、更嚴峻。儘管如此，國際性的政府或非政府組織，均視優質的城市治理是解決全球問題的起點，更是優質全球治理的基本盤。聯合國相關國際組織，及國際性非政府組織，近三十年來互相輝映發展出「健康城市」、「安全城市」、「永續城市」、「韌性城市」、「宜居城市」、「人權城市」、「友善城市」、「品格城市」等各種不同城市治理的議題和結盟。全球治理，似乎蘊藏著一股多元議題的城市結盟合作和參與機制。

▌區域，將是嘗新生活圈

全球化的趨勢，的確催促「區域主義」（Regionalism）和「區域整合」（Regional-Integration）的時代。全球治理，不應被誤解為全世界的人不分膚色都能平等共同參與，或全世界的人不分國籍的同步響應，或我們應該組成世界政府選舉世界總統。

世界儼然成為一個可以超界、跨域和連動的全球場域；但畢竟這個場域實在是太大了；而且它包含各種自然生態、社經生態的區域和議題。因此，理解全球治理可從城市治理為行動起點，因為它就是在地的世界；並以區域主義的區域合作為全球治理的基礎，因它就是在地的小全球。這就是為什麼全球化時代，反而鼓勵了區域主義（Regionalism）盛行的原因。因為，每一個國家希望透過各種

形式和議題的區域合作聯盟來保障自己的生存之道，也確保左鄰右舍是安定和安全的鄰居。

全球化趨勢中的移動力、穿透力和連動性迫使區域中的鄰近國家最好不要仇視彼此、排除彼此和陷害彼此。最好的方法就是發展並簽定多元的區域合作聯盟；因為，每一個國家註定活在「不區域化，就被邊緣化」（Regionalization,Otherwise Marginalization）的現實。

縱使區域合作聯盟中的鄰國也會各懷鬼胎；但若計算彼此間好事鏈動的共利，和壞事連動的可怕性，彼此就必須在區域合作當中，認真學習共存共榮的全球治理之道。

全球治理意味著，以城市為主體的在地世界，可以直接與其它城市為主體的國際世界，產生超連結；以區域合作聯盟，作為參與全球治理的基礎；發生在世界任何一個角落的事情，終將發展成為具有全面全觀的世界影響；非國家行為者直接參與全球事務的舞台，因其多元議題顯得自由開放。就全球治理的學科領域而言，公共事務管理的「公共原理」，強調後國家時代全球治理的「多元開放的參與機會」、「城市治理的在地實踐」和「區域合作聯盟的多邊合作」。

第三節
了解政府運作，
善用公共資源

您可以討厭政治，不喜歡政府的干預，不願意做政府的生意；
這些都是您的自由選擇。但每一位人民一生中仍無法避免與政
府、公部門、公務人員打交道；明白政府部門運作的原則和程
序，與個人權益保障仍息息相關。

▌漠視政治，就是被糟糕的人統治

每一位人民都會期待政府的優質治理，進而能夠從中得到更優
質的保護、服務、利益、福利和福祉。

每一個人都知道政府是必須要被監督的；因此，人民必須學習
透過選舉投票和公民參與來監督政府。政府部門雖有其一定的運作
體制，但現代化的公務人才資本仍是政府行政創新的力量；公務人
員心智模式的更新才有可能產生創新的公共治理。

面對全球化趨勢的挑戰，任何國家的政府再造（Reinventing
Government）運動是持續的；企業型政府（Entrepreneurial Government）
的實業家精神是必須的；社會創新治理（Innovative Social Governance）
的實踐更是迫切的。現代化的公共行政與公共管理，需要一群既專

業又有熱情的公務人員。如此,政府才有可能繼續得到人民的信任和信託。

公共行政(Public Administration)就是政府及公共部門所有行政事務和運作管理的統稱,而非單指行政院的行政而已。為了提升人民滿意度和國家競爭力,政府行政必須要在變遷的環境中轉化精進。展望政府再造的世界潮流,國家行政運作的心智已從「公共行政」到「公共管理」,甚至到「公共治理」持續不斷的演進。

民主國家的政府運作,當然也會受到政黨輪替的影響;不同的執政黨會有不同的政策、主張和價值追求。因此,選任公僕和派任政務人員的新血參與,也迫使傳統政府的運作必須表現創新治理的成效。

從「公共行政」到「公共管理」到「公共治理」是一條漫長的創新演化歷程;它代表人民期待的改變、政府功能的轉化,公務人員角色和核心能力的轉變,及社會治理方式的多元變化。但這並不代表「公共行政」的時代已經過了;而是「公共管理」的內涵更能符合變革和顧客導向的現代化政府;「公共治理」的精神和模式更能夠整合社會資源和創造社會動能。

▌重點不是依法行政,而在依法創能

當人民與政府打交道時,人民最不喜歡聽到的就是「依法行政」這句老話;那似乎是一種負面消極的推託和積極不作為的藉口。

然而,「依法行政」的確是政府行政和公務員生涯的保命符,也符合民主治理的原則。但是,人民無法再忍受政府部門停留於「依法行政」的心智模式和作法,人民更期待「依法創能」的積極事實。

請政府不要再告訴人民如何的不可能,而是要創新指導人民如何很快的變成可能。「依法創能」就是讓政府的各種法令、政策和執行,成為一種創造可能的安全遊戲規則和有效執行架構,能夠引

領公務人員為人民創造更多福祉。因此,「依法行政」只是基本的、有限的,甚至只是被動的和消極的;公務人員必須提升到「依法行政、依法創能」。

「依法行政」並不是不重要,但是行政的結果要能夠創造動能與可能才有效;「依法行政」必須要讓人民享受更多的保護和財富,這才是有效的行政。公務人員若要能「依法創能」,就必須要從「行政」的靜態素養,轉化到「管理」的績效創造,更進步到「治理」的創新創能;這是一種心智模式及核心能力的全新轉化,更是資源創造的能量再造。

「公共行政」講求憲政體制、政府制度、法令規章、公務倫理、分層負責、分工合作和程序流程,這是非常重要的。在國家的官僚體系中,政府部門的典章制度和常任文官制度成為國家穩定發展的力量。在公共行政中,公務人員的中立 (Neutrality)、透明 (Transparence)、忠誠 (Loyalty) 和課責 (Accountability),成為公共行政追求的價值。隨著企業型政府和政府再造運動,公共行政脫胎換骨成為公共管理。

政府部門及公務人員被要求展現鍥而不捨的實業家精神,學習現代化的經營管理,並且必須展現治理績效。政府部門受到公共管理潮流的影響,開始進行目標管理、績效管理、策略管理、創新管理、知識管理、品牌管理和價值鏈管理等不同的管理方法的運用。

公共管理並非否定公共行政的本質,但更注重效率、效能、成本效益、競爭力和滿意度等管理性價值;希望透過治理績效回應人民的需求、提升人民生活品質,也能夠躍昇國家的競爭力。

就公共行政和公共管理的學科領域而言,公共事務管理的「公共原理」,強調政府部門的創新治理,及公務人員依法行政和依法創能;公務人員的核心能力至少應包括「行政」、「管理」和「治理」三個面向。

第四節
政府，請賦權人民做主

每位國民一生中，皆有其自然的「生命週期」和不同挑戰的「生命迴路」；人民「從搖籃到墳墓」都需要政府提供多元的公共服務，才得以自由成長和渡過難關。而政府也需要責無旁貸的進行前瞻性的政策規畫、公共投資和生產輸送，來提供人民所需的多元公共服務。

▌當政府失靈，我們能做的是……

公共服務的提供經常面臨市場失靈（Market Failure）、政府失靈（Government Failure）和治理失靈（Governance Failure）的窘境，而必須彈性調整。如此，人民始能有享受利益和福祉。

「市場失靈」是指市場經濟體制中的企業組織和生產體系，若沒有充足誘因，就不會或不願意參與公共服務的生產輸送。「政府失靈」係指，公共服務無法在現有的憲政法律體制、代議民主制度、中央地方關係或政府官僚體系中，有效且有品質的提供，並可能缺乏具感動力的持續服務。「治理失靈」乃是市場、政府、民間組織和社會企業，都有意願透過協力夥伴關係共同合作提供公共服務，

但是現階段因缺乏「法制安全的」、「文化可能的」和「誘因合理的」創能架構及環境，而無法進一步的合作生產。

為了面對上述三種的失靈，這個社會極需培養一種能夠促成協力治理的公民文化、公務文化、透明法規和運作機制。政府部門，亦不能再把夥伴停格於過去「廠商化」或「下屬化」的情境；因而，必須要重新建構「公民賦權」的文化和作為。

公民賦權（Citizen Empowerment）就是公民、社區和民間組織的增能培能；包括公民參與、公民加盟、社區參與、社區行動、志願服務、社區治理或社會企業的授權和強化。**公共服務有效提供是政府的職責，但公共服務有效輸送，實在無法脫離上述的公民賦權行動，所帶來社區性永續力。**以國民長期照護的民主精神、政策設計、政策工具和政策執行的內涵而言，我們經常聽到的是需要跨領域、跨部門、跨科際、跨局處、跨部會的協力夥伴始能有效提供。

但是，長期照護的基本原則就是讓老年人在其老化的「生命週期」和不同境遇的「生命迴路」當中；在他所熟悉的社會仍有「一席之地」，不會受到排擠及邊緣化；並享受「在地老化」和「社區照護」的社會支持網絡和社區人際質感。

不管是那一類型的公共服務，其生產方式和輸送系統都脫離不了民間組織、在地社會、社區行動和協力夥伴的公民賦權實踐。公民賦權並非係指公共服務的提供必須仰賴民間、社區或志願服務而已，而是一種創新社區治理和在地生產的網絡建構。

「在地」與「社區」不是被框於類似於中央與地方的層級末端，而是我們真正能夠體認公共服務的提供和輸送，其品質、品味的確保，需要有更優質的在地文化內涵，和社區治理品質來支撐和活化。公民賦權是一種「大社會」（Big Society）的精神展現、社會活力的釋放和社會治理的共同承擔。面對新治理時代，政府部門及公務人員需要重新發展與其他部門的賦權互動。

　　公民透過繳稅義務後所期待的，是能夠得到與納繳義務相稱超值的公共服務，且其品質是具安全感和感動力的。**在西方高社會福利的先進國家，其人民甘於負擔較高稅率的原因，乃因他們真正能夠得到與所付稅額「相稱且超值」的多元公共服務**；政府也能通過各種協力夥伴關係，活潑提供高品質公共服務。人喜歡活於在地、社區和日常人際之中；人不喜歡活在機構、同病相憐和遠離家鄉的斷絕當中。

　　未來，就公共服務的領域而言，公共事務管理的「公共原理」，就是透過公民賦權活化在地治理的品質；並促使更多元的社會組織，和社區行動參與公共服務的生產輸送。

第五節
人的決策是有限理性的

> 人是非常尊貴平等的，所以需要用基本人權來維護人的尊嚴
> 性；但人也是非常有限的，所以我們需要以三權分立、責任政
> 治或監督機制來防弊人的有限性。
>
> 人是理性的（Rational），也期待別人理性，但人卻是經常自
> 私自利；這也是人的有限性。

▌為什麼沒有最好的決策？

有一句口頭禪雖說「客觀比較，全盤考量」，這好像是一個很
難存在的境界；因為我們經常沒有足夠的時間、精力和資訊去做客
觀比較和全盤考量。政府理應是公共利益和公共財富的守護神，但
是政府卻是經常出現了官僚本位主義；因此，我們經常聽到官官相
護和民不與官鬥等無奈的說法。

公共政策的發展過程，基本上包括公共問題界定、政策方案規
劃、政策合法化、政策執行和政策評估；人民理性期待，其每一個
階段均合乎民主價值、民主原則、民主程序、民主決策和民主監督；
但是，人民自己也會透過很多的政治性和利益性集會結社，來影響

公共決策，保護自己本位的利益。

　　政治人物、政府官僚、利益團體和利害相關社群間，也經常掙扎於民主原理的「理性」和「有限性」，而進行政治性的政策交易和經濟資源分配，產生「令每家均能滿意」而非「最佳方案」的交易妥協結果。這些的陳述並非控訴政治是骯髒污穢的，也非表明政策制定都是非理性的；而是在敘明我們應該用更貼近實務的方法去了解政府作為、政策選擇和公共事務管理。

　　我們必須承認在「民主政治」和「民主治理」中，人的有限性和決策者的有限理性是事實也是現實，任何選擇和決策行為，偏好經常面臨「經濟利益極大化或公共利益極大化」、「政客官僚本位或人民福祉本位」、「選舉支票本位或政策永續本位」的巨大矛盾。

　　這些矛盾的結果，必然產生政府效率效能低落、政治人物公信力低迷、財團或利益團體干涉決策和基層人民福祉受創等巨大的傷害。公共政策的理性發展本應訂出最佳方案，不是嗎？但為什麼我們最後總是產生利益交換和公共利益妥協的次級方案呢？

　　如何更心安理得去了解上述現象和事實呢？「公共選擇理論」（Public Choice Theory）是一種介於或整合政治學和經濟學的跨學科領域；它是運用經濟學的分析方法，來研究政治決策機制和公共治理運作的理論。

　　從「公共選擇理論」當中，公共事務管理者，更能夠結合事實與現實去了解，政治活動者、企業領導者和政治決策者間博弈般的行為；官僚體系、政治人物和民意領袖間的聯盟交易市場方式。這種瞭解並不是讓我們懷憂喪志或感嘆人生黑暗，而是讓公共事務管理者知道如何提高人民和納稅人的警覺，也更能防治市場失靈、政府失靈和治理失靈的悲劇和後果。

　　因此，就公共政策學科領域而言，公共事務管理的「公共原理」，在於認清政治行動者、利害相觀者和政治決策者的「有限」

和「有限理性」，並建構更有效的失靈防弊機制。其中，「公共選擇理論」提供了一種更貼近現實生活和市場法則的模式，更深入觀察所有公共事務管理者的行為模式和選擇結果。

第六節
天賦與夢想
是天然的公民酵素

有世界教育部長美譽的肯‧羅賓森（Ken Robinson）認為，教育的目的是「讓學生了解世界和自身的天份，幫助他們擁有充實的人生，並成為有熱情、有生產力的公民。為此，學校應該如何運作與改變，是關係每一個人未來，最重要的課題」。

▌天賦熱情，公民酵素

肯‧羅賓森《讓天賦自由》和《讓天賦發光》兩本著作，道盡了惟有讓天賦自由發光，人生才有價值和意義；也惟有活出天命中的熱情天賦，人生才會偉大精彩，社會才會獲利蒙福。

上帝的確很公平的給每一個人不同的天賦與熱情，那是老天藏在每一個人身上特別禮物，無人能奪取，羨慕也沒有用，但需要發展善用。

因此，**教育的本質就是發現、引出和發展學生的天賦熱情，並讓學生能夠認識珍愛自己**；不僅善用老天所賜的天賦熱情來創業就業，更願意參與治理、管理和服侍社會，並使別人添富得益。民主治理，具有一種激發天賦熱情解決公共問題的「公民酵素」；公民

167

透過高度具有「服務學習」和「志願服務」精神價值般的社會企業，參與公共治理。

每一個公民的「公共靈性」和「天賦熱情」，絕對是優雅連結在一起的，他不會無視於社會的問題、鄰居的需要和社區改善行動的迫切性；他經常表現在別人的需要當中看到自己的責任，並願意用上天所賜的天賦熱情，去改善社會環境和解決公共問題。

真正的天賦熱情會讓人陷入一種「神馳狀態」，想要以最優的方式去完成一種更高位階的使命。因此，天賦與熱情並不是讓你在人生舞台上優越的展現才華而已，而是讓你在社會的舞台上面能夠貢獻自己和參與治理。公共靈性，就是一個人能夠以天賦熱情活出「真正的人」和「人生使命」。

▌在地問題，在地解決

這幾年來，世界社會產生了一種以天賦熱情，驅動社會能量，解決社會問題的趨勢，例如，自造運動（Makers' Movement）、共創空間（Co-Working Space）、社會企業（Social Enterprise）、社會創業（Social Entrepreneurship）和根感經濟（Deep Economy）自主性、自發性和深根性的在地行動。

人類社會過去慘痛的經驗，就是被市場經濟所主導的知識教育、制式教育和標準化教育所奴隸。人的生命歷程在高度競爭的現代社會中，失去了自由與熱情。縱使在生活中，偶爾被某些社會創新所感染吸引，但那只是一種暫時和階段性的感動而已。讓天賦熱情自由發光就是正視每一個人的特殊性、自主性和創能性；使他在生命的歷程當中有其無可替代的創作或貢獻。

社會企業是一種以解決社會問題，和守護社區利益為前提而設立的企業；它是一種也受市場經濟基本法則約束影響的企業，但卻追求更公平正義交易。社會企業是一種以天賦熱情作生意，其目的是為了作公益；更以天賦熱情作公益，其方法只是透過作生意。社

會企業的主要目的，並非對投資者做任何財務性的利益回報，但也是必須努力保持永續的財務自主性，能夠讓解決社會問題的資源和支援源源不斷。

社會企業，強調善用創業者和投資者的使命和天賦。他們不願意再用傳統的慈善活動性、行為功德性、社會企業責任性的方法，去表現對社會的關心和解決社會問題的決心。相反地，他們更是**以一種新的治理觀，主動激發和連結不同人的，協力實踐社會治理的發動權。**社會企業若無自由發光的天賦熱情為基礎，那麼它的成功機會或持續發展的機率必然降低。

社會企業的發展不在於利潤的極大化，而在於邊際利潤的最大化和社會效益的極大化。社會企業因其特殊的事業本質，所以其生產材料、生產流程、生產精神、管理制度、價值追求、資源分享和就業機會，當然強調與在地社區、在地經濟和在地產業強連結。社會企業深刻具有「在地人」以「在地資源」解決「在地問題」的根經濟導向。

在成長的過程中，每一個人的心中都曾閃過開一間店、幫助一個人、為故鄉做一件美麗的事、為社會解決一個問題和讓社會更好的夢想與願景；當那是出於天賦與熱情的趨動時，縱使短暫中輟了也會一生持續的發想，總是尋找機會實現夢想。一個人的天賦熱情，經常會讓他保持一種想要為社會做一件美麗事情的神馳狀態；這一種天賦熱情就是社會最寶貴的動能。如何在我們的教育改革和社會生活當中，嘗試讓每一個人不再做天賦熱情的中輟生；這反而能夠回歸基礎、改變認知和活出創新。

「社會企業」本身就是以解決公共問題、創造社會利益為導向，以創辦人和工作伙伴的天賦熱情為基礎，且以發展在地為行動的根經濟活動。從社會企業發展的學科領域而言，公共事務管理的「公共原理」，就是透過社會議題的 3B 連結，激發早以典藏在社會中的天賦熱情，共同創造資源解決社會問題。

第七節
宜居城市，讓人想要移居

文化（Culture）源於土地耕作的生活作息，它是一種融合土地、生產和生活的群體生活傳承；文化也是一種心智培育和文化藝術的素養；所以，文化是社會生活的公民素養，象徵著精神文明和智能發展的境界，它更是一種與人類社會發展息息相關的精神情懷和創新動能（David Throsby，2008）。

每一個人都在尋找一個宜居之地，移居到所喜愛的宜居之地，這絕對是一種嚮往令人吸睛的文化風尚和精神文明。其實，宜居城市的品牌，就是一種當地文化傳承、生活風尚和生活環境品質的綜效。

▍創造文化傳承的品牌

任何一個高根感社會的發展，不能沒有上述的文化特徵；換言之，任何一個社會的生活、生產、生態和生命的四生發展，均應表現其上述根內涵質感。

每一個社會均有其文化資源（Resources），例如：圖書館、博物館、大學、音樂廳等。而這些文化資源也會發展成為文化資產

（Assets）；例如，偉大的建築、偉人的故居、偉大的事蹟現場。

文化資產會轉化成為社會的文化資本（Capital），它的存在變成了一個城市或一個社會組織，賴以為生的有形和無形的巨大資產；例如，哈佛大學給學生、畢業校友和在地社會，帶來的不僅是資源網絡的社會資本，更是一種品味、價值和傳承的文化資本。

因此，**公共事務管理，並非只是為了解決公共問題或提供公共服務而已，其深層價值是沉澱、累積、活化每一個城市或組織的文化資本**，使生活於其中的每一份子享受精神文明，也能夠傳承精神文明，更能夠發展精神文明。每一個人都在尋找一個宜居之地，移居到所喜愛的宜居之地，絕對是一種嚮往令人吸睛的文化風尚和精神文明。其實，宜居城市的品牌，就是一種當地文化傳承、生活風尚和生活環境品質的綜效。

公共事務管理可以是政治政策的、社會經濟的或生態環境的；然而，它更是文化資本的，創造文明風尚的價值和趨勢。台灣的城鄉品牌發展必須漸漸脫離生產性、活動性和節慶性的階段，而更進一步的檢視自己的文化資源和文化資產，並發展自己的文化資本和其價值創造，如此才能夠令地球村民敬重、宜居嚮往和喜歡交往。

當今的消費者具有一種文化經濟、美學經濟和體驗式經濟的消費取向；而城鄉品牌能滿足文化特殊性的消費或偏好取向，一種能夠讓投資者、行旅者、創業者、開會者、觀光者、移居者產生非政經性考量的莫大吸引力，也讓這種吸引力產了一種文化資本的價值或社會資本的實力。譬如說，全球化所帶來的移動力，使愈多人愈來愈有機會根據他夢想中的「特殊情境」和「宜居境界」，而做長久性的居住選擇。

廖桂賢（2009）所著《好城市，怎樣都要住下來》這本書說明，它如何被西雅圖這個城市吸引住，也鼓勵台灣的城市學習健康和有魅力的城市設計及品牌管理。**城市品牌經常靜悄悄的牽動夢想，使**

人工作休假有誘因、出差開會有期待、家庭渡假有夢想、退休移居有目標。每個人都在夢想一種宜居的情境；選擇一個期待去移居的城鄉；流露一股嚮往的品牌神采。

因此，城鄉品牌的營造和管理，是一種文化、文化資源、文化資產和文化資本的連動發展，使人不僅是活在經濟繁榮當中，更活出傳承風貌的品味。就城鄉品牌的學科領域而言，公共事務管理的「公共原理」，就是發展自己的城市、組織、社區成為具有文化資本的實力和吸引力的生活環境；在這種生活環境當然連結了市民和行旅者的熱情天賦；城市品牌，是由在地社區居民和棲息者的天賦熱情所孕育出來的。

Chapter 7

世界的問題
你我的問題

全球化帶來矛盾、危機和機會。人類社會所共同面臨的，是流失的社會正義、剝削的全球化分工、資本家套利和科技定義人性的生活趨勢。當人類不再是世界中心，我們如何自處？

市場法則關注「大家」，大者恆大，適者生存；唯有結盟成「大家」才有可能成為贏家。公共法則強調「人人」，我為人人，人人為我；唯有人人平等，「人人」才得以共享天下。

第一節
天下，是誰的？

「公共天下」的概念與實質非常多元。例如，把「公共」當作動詞時，就是讓天下的公共性極大化及豐富化；天下之大和天下之多元非任何一個組織、社群和個人能夠、應該或可以擅據作為己有。如果把「公共天下」當作一個名詞，乃指公共的價值精神、活動領域和利益福祉等，應有其不可侵犯的存在價值和空間場域。

▌天下，為誰的公？

我們在很多地方都使用了「天下」這個概念和事實；例如，我們經常說「天下之大竟無我容身之地」，「天底下哪有這種事情」，「天下太平」，「天下無敵」，或者說「武林天下」。

天下可能是指「天空所能覆蓋的地方」、「眼界和境界所及的世界」；也可能是一種「生活和事業的情境世界」。天下也經常被用在較競爭性及政治性的含意；例如，平天下、家天下、吞天下和兼天下。

總之，每一個人、每一個企業、每一個國家都在拼自己的天

下。然而，天下真的實在是很大，大到不能夠被任何人、家族、國王、皇帝或國家長期做排他性的、獨佔性的或私有性的佔有；縱使竊據使用也不可能獨享太久（吳稼祥，2013）。再者，天下不僅具有規模大，也具有元素多的特點；所以，天下包含了兆民百姓、四面八方、萬邦萬民、九州九族等不同史書的概念陳述（吳稼祥，2013）。

　　不管是怎麼樣的天下，天下的本質，就是造物主給人平等共有共享的，如果公共的天下向家族的天下做讓步的時候；或者說一個家族把公共的天下做家族化的統治時；或者一個政治社群野心大到，企圖統一收編天下來使天下太平；這時公共天下就開始爭端紛亂、破壞剝削及被割據私用。

　　先「天下為公」，才能「世界大同」。 在華人的文化當中「天下為公」的概念，是一種修身養性、明君聖言的世界大同理想；但是，概觀中國的歷史，天下何時公過呢？既使曾有過，也只是家族化的公、明君化的公或皇帝化的公而已。「天下為公」指天下所有的好處和偉大，乃為了一般大眾所存在，也實為一般大眾所共同擁有。

　　回顧人類社會發展的經驗，「天下為公」較能夠真的普遍化到基層社會和庶民百姓，而成為人民日常生活的養分和利益；也唯有在優質的民主治理當中，才有可能實現。另外，「世界大同」也是華人文化中所標榜追求的夢想；但現實世界卻是天下真的大不同。因此，我們必須要學習「異中求同」和「同中存異」。

　　當天下必須要大同時，天下也產生了更多的辯論紛爭、打擊異己和討伐叛逆。**「天下為公」及「世界大同」的精神和理想，有其不可撼動的公共地位，但「大公」先於「大同」尤為重要。**（吳稼祥，2013）。人類各種文明的演化當中，似乎唯有「天下為公」時，才較有可能形塑一個「大同社會」（吳稼祥，2013）。

■ 「人人」得以享受的天下

「公共再造」在於，創造一個具有高支持性、高公共財、高協力夥伴關係的生活環境、永續發展和共同未來；人不可以再活於高捧公共價值的催眠當中，而應是享受多元公共價值的日常實踐。

市場法則關注「大家」，大者恆大，適者生存；唯有結盟成「大家」才有可能成為贏家。公共法則強調「人人」，我為人人，人人為我；唯有人人平等，「人人」才得以共享天下。

人民沒有辦法再等很久，或走很遠，去享受公共價值所帶來的好處；大部分的人，渴望能在每天生活的社區中，就享受「不被剝削和虐待的公平正義」、「沒有疏離和隔絕的人際或網路互動」和「耕種和看守共同家園」。

「公共再造」應表現「公共」絕不是一種意識形態、虛擬空間或生活教規；而是一種日常生活中真正可享受公共空間、公共財富、公平正義、親密關係和共同家園的公共天下。

正視「公共」好好吃的可能弊端，防止「公共」脆弱化的危機。人民最厭惡的就是官商勾結或財團聯手，假「公共」之名行吃掉「公共」之實。「公共」之浩大多元，也說明了監督防弊之困難，但也絕對不能讓「公共」成為違法爭食的大餅。公私部門協力夥伴關係，是一個值得肯定和鼓勵的公共治理手段；引進民間資源參與公共建設，更是先進國家推動政務的政策工具。

因此，我們不能因噎廢食，在依法行政和依法創能的精神和實踐當中，共同確保「公共」不被脆弱化和爭食化。我們必須正視「公共」這塊大餅真的是很好吃，但若是吃相難看，必然吃出弊端與問題。這時就是啟動「國家正直體系」（National Integrity System），透過陽光法案、肅貪機構、獨立司法、公正媒體、公民社會等機制，共同矯正和維護「公共」的完整性和神聖性。

　　公共天下所指為何？「公共」有其不可出賣性的精神價值、不可侵犯性領域，以及不可私吞性的福祉。公共天下所指的是一種不能夠把天下變成「大家」的，因為「大」的家族、世家、宗族，表面上看起來不是私人，卻是比個人大很多的私屬，屬於一種「大私」。我們經常誤把「大家」想成是「人人」的。

　　天下大公，不是由「大家」來享受天下，而是「人人」得以享受天下。（吳稼祥，2013）。

　　在現代的社會生活中，我們應重新反思「天下」的「公共性」；讓我們去維護多元領域中的公共價值，而非多元本位主導甚至分贓下的「大家」價值；確保公共天下真正成為「人人可以天天享受」的天下。

　　每個社會雖然很盡力的在創新科技運用、創造就業機會和提升國內家競爭力；但是經濟正義、社會公平、永續發展和公民親密感的流失，總是使人類陷於受害者的無助痛苦。這種情形使得大部分的人高度渴望一種高支持性、高公共財、高協力夥伴關係的生活氣氛和社區行動。

第二節
多變公共的新世代

科技不僅正在改變人性及人際互動，也在定義新的世代。數位革命引爆人類的創造力及散播新知識的能力，也不斷創造爭議的公共道德倫理議題。

缺愛如同缺氧，人是無法自活。再造公共領域，不僅需要有行為規範的法律約束，更需要的是提升公民品格和公民倫理。

▋當科技充滿生活，人的價值何在？

人類生活這幾年來，面臨了全球暖化的危機、恐怖行動的威脅、愛滋病的擴散和家庭婚姻崩解等，高風險公共問題。

現階段的我們，不僅面臨共同體生活的公共領域，同樣也面臨了以世界社會的公共領域，更身陷數位媒體創造出來的虛擬公共場域。

未來，我們人類生活的公同約定是什麼？更永續的發展嗎？更簡樸的生活嗎？更彼此相愛的社區嗎？更聖潔忠誠的婚姻嗎？如果都不是，那又是什麼呢？多元公共領域的使用參與，實在需要更共同體生活般的精神和盟約。

在公共生活的領域當中，我們面臨了象徵多元化的民主社會，及帶動多元需求的消費型市場經濟。公共價值的票面神聖性雖依然存在，但公共的多元分殊性，卻迫使「公共」變為多元本位主導和分割。因而使「公共」失去了原指一種更高位階利益和福祉的本質。

公共顯得如此的多元分殊，沒有統一標準的多樣性，整個社會變得分殊分歧了。面對這種情勢，讓我們覺得這個社會的運作好像每天在使公共更加的脆弱，而非使公共更加單純堅固。共同體生活的「公同約定」，本應具單純共識的本質，且外界干擾的參透性低。

然而，在這個超界跨域連動的社會，公共的多元分殊性，正考驗我們到底想要選擇過什麼樣的生活，而且願不願意，為它付出的單純共識行動。「公共」對抗的不是「民間」，而卻是以公共之名，進行多元本位主導的公共領域爭奪行為；甚至少數團體的偏執倡議和不聖潔行為，對公共領域開始產生崩壞性的解構。

全球化社會兼具移動力快、穿透力強、衝突性多、風險性高和災難性大等內隱外顯本質。全球化的核心被視為是「社會的解疆域化」（Beck，1999）；因此，「公共」議題、「公共」影響和「公共」範圍的快速擴張、渲染和外溢當然是全球性的。

公共的全球性，一方面讓在地世界必須面對國際世界的社會運動（Social Movement）壓力，有時也會讓在地世界，必需委屈於國際社會以大吃小的威儡。但是，公共的全球性也讓「在地世界」有機會被看見、被欣賞和被需要。這就端看在地世界的領導者，如何掌握和詮釋公共議題，運用資訊傳播科技，靈巧表現參與全球治理。

受到數位科技、數位革命和數位媒體的影響；**科技不僅正在改變人性及人際互動，也在定義新的世代**；科技及其數位軟體的發展正在主導新世代的思維、互動和生活模式。

最近，所謂的「APP世代」（APP Generation）已經產生，它象徵「這個時代成長的年輕人，不僅沉迷於各式各樣的APP，甚至

已經將生活世界視為 APP 的集合體，而他們的生活就是一連串 APP 的排列組合。」（Gardner and Davis，2015）。

面對 APP 的世代，螢幕替代了面對面、聯繫替代了溝通、文字替代了語氣和表情。APP 雖帶來了極大的生活方便性和人際互動捷徑；但是，這種方便捷徑是有代價的，APP 使用者到底是「APP 賦能」（APP-enabling）或者是「APP 依賴」（APP-dependent）（Gardner and Davis，2015）。

一般研究顯示，對「APP 賦能」使用者而言，他們把資訊傳播科技的軟體和服務當作是助手及工具，而且表現較好的善用紀律。「對 APP 依賴」使用者而言，他們的生活像一連串 APP 的排列組合，缺乏深度交流，只是進行無限度的資訊交換，生活孤獨感上升，同理心下降。（Gardner and Davis，2015）。簡言之，APP 的世代讓我們經歷了一種什麼都方便，但人際卻疏離的時刻，更嚴重的是失去了同理心和親密感。

數位革命引爆了人類的創造力及散播新知識的能力；但是，新數位科技，也不斷創造爭議性的公共領域和道德倫理議題。受到數位革命、網際網路及 APP 世代的影響，公共領域不僅多元且變得複合複雜、無限延伸和格外虛擬。公共領域不再是一個奇妙相遇的空間，享受公共財富的地方，或者是一個推動社會進步的舞台；它變得如此的高虛擬性、高耗損性、高衝突性和高危險性。

任何人長久活於這種公共領域當中，實在無法得到真正的心意更新、重新得力、親密互動和成長喜悅。當我們必須著手再造「現存」的公共領域；我們同時也必須面對「將來」的公共領域所帶來想像不到的挑戰。

再造公共領域，不僅需要有行為規範的法律約束，它更需要的是一種提升公民品格和公民倫理的公共靈性。缺乏公共靈性的公共領域，將使人失去尊嚴尊貴，漸漸耗損心智體力，終將失去聖潔自

由和愛的能力。最後陷入自我認同的迷失、婚姻家庭的崩解、親密
關係的流失和創造力與想像力的耗損。

▌人，無法缺愛自活

現代化的社會，我們更有翻轉的機會，同時也讓我們遇見更多
導致墮落的引誘。很多年長者回憶兒時，總是很感慨的說，那時物
資生活雖然不豐富，但是家庭有愛、社區有互助、人際不冷淡。未
來，公共生活會愈來愈需要富有公民素養、公民美學、公民互助的
社區行動；生活在一個缺乏愛與被愛的社會當中，真的會令人窒息
而顯得沒有盼望。

以我們共同面臨的「老化社會」（Aging Society）為例，每一
個人都盼望能夠生活在一個具有服侍善工（Diaconia）精神、志願
服務（Voluntary）行動和高友善支持性（Friendly and Supportive）
的互助社區之中；讓老年人在這個社會「有一席之地」，也能夠享
受「在地老化」、「社區照護」和「老青共學」。公共生活所需要的，
仍然是由公民之愛所醞釀而出的親密公民關係；任何一位受造者及
需要照護者，都需要愛和關懷。**因為缺愛如同缺氧，人是無法自活。**

理解公共，管得有理

具有服侍善工（Diaconia）之愛的人，對弱勢者及困苦者，展現下列特色的公共服務行動：註1

1、主動前去探訪 To meet people where they are.
2、積極創造可能 To see and create possibilities in what seems impossible.
3、撥空與人交談 To find the time to talk with people – also when talking is difficult.
4、助人獨立自愛 To help people towards independence and self-worth.

綜觀台灣社會的高離婚率、高失業率、高精障率、高衝突性和高貧富差距，所產生的單親家庭、隔代教養、行為偏差和社會衝突等巨大問題，我們無法以單一切割方式來微觀處理，因為這些社會問題是連帶連動的糾結在一起。以兒童和青少年教養問題為例，它主要源於不健康的家庭和破碎的婚姻，問題癥兆表現於學校生活之中；問題惡化於社會的複雜和引誘。

簡單而言，兒少教養所延伸的社會問題，其核心皆源於缺乏愛及被愛經驗的家庭生活，及父母觀不健康或混亂的婚姻生活。從公共事務管理的角度而言，公共生活當然不能沒有公民的愛；但若家庭缺乏愛和教養的能量，任何偏差行為自然產生，並惡化延伸為對公共生活的危害，甚至導致公共安全的大破口。

註1
Kjell Nordstokke 著，劉侃譯（2000），《服侍善工》台北：基督路加傳道會。

▎人，受文化、宗教牽絆干擾

現代生活受到市場經濟所帶動的消費性文化、潮流性文化和便利性文化嚴重影響。消費性文化，使這個社會陷入養債消費和過度消費，所造成的債務危機和資源浪費；這也併發出所謂的債務糾紛協商、婚姻家庭惡質化，及年輕人活在缺錢恐懼的社會問題。再者，過度消費也使人失去簡樸生活的美德及資源使用的浪費。

「潮流性文化」創造了一種「潮」的壓力和扭曲，它可能使人陷於追求名牌和時尚的生活；也可能受到一種開放風潮的影響，而面臨道德、婚姻和性關係的扭曲和崩解。「便利性文化」造成隨叫外送、隨用隨丟、快速宅配、Wifi 上網和網路交易的生活行為；**這種文化讓人生活在一個無法駐足交談、眼神交會及互相關懷的環境。**

受到後現代社會及市場經濟所牽動的生活文化影響，「宅活」、「自活」和「畏婚」變得格外盛行；公共生活的真誠樸實互動，面臨了「潮文化」及「次文化」很大的挫傷，即或不然也是很大的擾亂攪動。

後現代社會也是一個各種「類宗教性」思想、心靈、儀式、風尚和活動盛行的社會。各種不同的人生哲學、未來預言、異端邪說、冥思默想、修行運動、飲食風尚、民俗療法、風水命理、改名改運等類宗教性質的元素，對公共領域產生錯綜複雜的宗教共生關係。

偏執極端的宗教意識也牽動了恐怖行動、宗教聖戰、族群優越的殘暴行為，嚴重的影響了公共生活與公共安全。現代化社會雖是一個科技創新服務的社會，但過度的績效競爭和物質追求，也使人的體力快速耗竭、容易疲倦、心靈空虛，轉而追求各種不同心靈紓壓、神秘探索和宗教皈依的心靈活動。

從 APP 世代的生活而言，五花八門的 APP 已漸漸促成年輕世代用自己的方式去信奉宗教、追求靈性、奉行信仰或創造宗教；因而漸漸發展出與宗教性或無神論密切相關的禮儀儀式、文化商品、

誦經禱告或遊戲膜拜舞蹈等，如：給上帝的紙條（Note To God）和佛陀寶盒（Buddha Box）等（Gardner and Davis，2015）。

公共生活與宗教經常是分不開的。一個城市、一個社區、一個部落的宗教信仰，或民俗信仰，當然會影響到這個地區的廟會節慶活動和文化傳承禮俗；也可能更進一步成為觀光旅遊或文化創意產業的經濟賣點。但宗教行為，也可能孕育出妨礙公共生活及共同發展的迷信和禁忌，產生一種使人失去自由的心靈禁錮和綑綁。

公共生活需要公共靈性，而公共靈性的內涵源於使人得自由的宗教信仰和道德信念。公共靈性使我們活出「自由的生命」、「天賦使命的熱情」和「彼此相愛的人生」。公共靈性趨動城市市民善用天賦熱情參與公共事務；反之則不然。

▌市民，理當參與城市

很多人為了生計就到城市討生活，城市似乎成為不同需求和志向的人聚集的地方。換言之，城市是人民為了追求更高階、更現代和更方便的生活而群聚的地方。城市不僅聚集了人，也為市民建設開發了很多經濟商業、知識教育、文化藝術和觀光旅遊等生活資源和生計出路。

總之，城市生活是吸引人的，但城市生活也充滿了挫折和引誘。旅遊考察的行旅者，透過城市才得以認識當地的國家和文化；住在鄉下的人民，需透過城市的轉運才能夠快速到家。城市與每一個人的夢想和成長產生多元介面的關係，城市的一舉一動也營造了不同型態的市民生活、市民參與和城市風尚。

城市需要市民參與，市民參與才能夠讓城市有故事、有活力、有傳承。市民參與讓每一位市民到老都有故事可以講；讓城市充滿不同版本的真實動人故事。任何一個城市的市民生活，其本質就是參與城市公共事務，就是在型塑城市魅力，進而營造城市競爭力。

Chapter 7

城市生活當然也製造了很複雜的公共問題，而這些問題的解決和改善也需要市民參與，才得以紓緩。

每一位城市的市民，幾乎就是城市公共事務的利害關係人和參與者，因為城市事務就是公共事務。市民或許可以在某些時刻故意逃避不願參與，但是，市民每日的公共生活，卻會把他拉回面對自己應負的市民責任。

第三節

守護自己的
「安全」和「前程」

人有時候會原諒，上帝一定會原諒，但是大自然絕對不會原諒
（Man Sometimes Forgives；God Always Forgives；But Nature
Never Forgives）——佚名

公共安全、社會安全、國家安全和人類安全，雖有不同層級的
區隔，但已糾結在一起。

任何地區發生事情，透過不同的媒體或媒介的快速傳遞，會在
世界各地產生同步的迴響和行動。

再不守護公共，您還要守護什麼？守護公共就是守護自己的安
全與前程。

■ 為什麼，危機會發生？

每一個國家的公共安全，已經不是用傳統的國防安全、軍事安
全或社會治安，可以定義和維護的。

「食品安全」、「經濟安全」、「資通安全」和「生態安全」
已成為公共安全，甚至擴大成為國家安全的四大面向；它們經常是

超界跨域連動在一起的。

例如，資通安全或食品安全，經常會引爆跨國經貿活動的互相抵制。當一個國家過度依賴其他國家的經濟時，經濟安全也會質變升溫成國家安全的問題，進而引爆危機；這都不需一兵一卒，就能遠端接收資產，並搞垮對方的社會秩序。

在全球化趨勢的社會當中，公共安全一直是令人害怕，且危害日深的迫切議題，它不僅會質變量變，且以不同的形態攻擊我們飲食健康、社會活動和生命安全。我們愈來愈難以想像，恐怖行動、地鐵攻擊、氣爆塵暴、黑心食用油、土石流滅村、地震海嘯、金融海嘯、流感疾病等事件，為什麼經常會發生，而且好像是必然輪流發生？好像日光之下，每天都有新鮮的事發生，但這些新鮮事也馬上會成為週期性發生的往日舊事。

面對公共安全和國家安全高度連結的事實，不管是自由貿易、犯罪防治、洗錢防治或防疫防治等相關議題；這些都迫使每個國家，必須透過區域主義的精神和區域合作的協定，重構一個更安全的區域發展環境。

為了自己的國家安全和未來發展，我們經常看到區域性跨國合作協定的簽署；其目的不僅僅是為了消除貿易壁壘、創造自由投資環境、促進區域和平穩定；更是為了平衡或防堵國際現勢中的霸權獨大發展。

以亞太區域經濟合作為例，東南亞國協（The Association Of Southeast Asian Nation , ASEAN）、亞太自由貿易區（Free Trade Area Of The Asia-Pacific, FTAAP）、中日韓自由貿易協定（China,Japan,Korea Free Trade Agreement, FTA）、泛太平洋戰略經濟夥伴關係協定（The Trans-Pacific Partnership, TPP）、全球性經濟夥伴協議（Regional Comprehensive Economic Partnership, RCEP）等都與台灣發展自由經濟示範區的有密切的關係；也與台灣的國際關

係發展連結在一起。

生態安全亦是如此，不是嗎？有一句話說，人有時候會原諒，上帝一定會原諒，但是大自然絕對不會原諒（Man Sometimes Forgives；God Always Forgives；But Nature Never Forgives）。

二〇〇九年的莫拉克颱風毀了寶來溫泉鄉，二〇一五年的蘇迪勒颱風毀了烏來溫泉鄉。不管是「寶來」還是「烏來」都是人過度貪婪的「亂來」。未來，我們必須學習以更儆醒和謹慎的態度，以更系統思考的生態觀共同面對公共安全的議題。

▌公共議程，守護你的未來

公共事務領域中，這種從「公共問題」（Public Problem）到「公共議題」（Public Issue）再到「公共議程」（Public Agenda）的發展，並非線性式的；它是一種系統性的互動回饋發展模式。

因此，對公共議程的掌握和主導，需要更多的價值行銷、社會行銷、公民參與、政策對話和社會動員；**沒有公民參與就沒有公共發言權；沒有發言權的份量，民意代表也不會主動為你發言**。殊不知，政府的議程就是人民未來生活的前程，怎能不加以守護呢？

在全球化趨勢的社會中，各種活動、事件和政策均會產生不同強度的全觀影響（GloNaCal Impact）。**發生在任何一個在地或國家的事情，只要透過不同的媒體或媒介的快速傳遞，也會在世界各地產生即時同步的迴響和行動**。全球化時代不僅是大規模生產和大規模消費，更是一個大規模傳播和大規模參與的時代。

任何一個國家的公共議程，不僅受到國內社會的政經影響，當然也會受到其他國家、國際組織、跨國企業和全球社會運動（Global Social Movement）等多元力量的介入或干擾，而改變了公共議程的排序和發展速度。我們很難再用不容許外力介入內政的政治語言，來排除國際的影響力；在現今的社會這種的可能干預或干擾必然經

常發生；我們必須留意因應和做必須的危機管理。

最近，我們見識到「婉君」（網軍）無遠弗屆的動員力量，用 Line 和 APP 做生意的無比宣傳威力，政府部門開放各種公共參與的網路平台；這些在在顯明，公共議程的主導權已非政治人物或議會程序委員會所能完全主導；但這需要公民意識的覺醒，也需要公民記者的正直參與，和公共議事的網路直播等透明措施。

從新治理觀的運作而言，公民千萬不要把公共治理的發動權，與公共議程的主導權拱手讓給政治人物、政府組織或政府部門。公共事管理者對於公共議程的了解掌握或操控運作，其實是一種政治敏銳度和領導藝術的表現；但並不是如同政商共生關係和利害相關人的利益交易。最近，多元成家的方案、伴侶制度和修改家庭婚姻制度等政策及法律議題；其可預期造成的倫理爭議和道德崩解，實在非常需要每一位國民關心及守護自己的未來。

如果，守護家庭價值的態度流失隨便了；如果，婚姻家庭制度崩壞了，那麼，再肥的社會福利政策和再多的公共服務，都無法對症下藥。這只是浪費人民血汗所繳交的稅金，不僅於事無補，只會讓社會加速崩解。

簡言之，為了守護公共價值和公共利益，公共事務管理者在公共議程的設定上面，更應善用多元媒體和網際網路，發揮「守護者」和「倡議者」的積極角色；這是比以前更有可能實現的。

第四節
面對，誰的未來？

不平等依然存在，永續發展必須深化。我們共同的目標，不再是以人類發展為中心，而是以人類責任為義務。（擷自教宗聖方濟各談話）

為窮人伸張正義，再次感到互負責任、彼此相依，如此才有良善正直的喜樂和平安。（擷自教宗聖方濟各談話）

▌我們的未來，是什麼形狀？

面對「共同未來」所探討的比較不是個人、社會或國家未來的發展內涵或指標，而是升級到地球村民的「共同生活」、「共同目標」和「共同家園」，一種超界跨域連動為本質的共同未來，屬於人類社會、人類發展和人類安全的共同議題。

這不是人類社會的杞人憂天，而是我們必須嚴肅面對人性軟弱、國家自利、企業掠奪、財閥暴利和黑心套利所帶來對人類發展和人類安全的高度危害。以全球愛滋病的防治為例，為什麼愛滋病的擴散已不是人類健康層次的問題，而是人類安全的共同議題呢？

在這個移動力快、穿透力強和連動性密的時代，如果愛滋病擴

散失控了，人類社會恐面臨滅種的人類安全危機。因此，面對共同未來，到底是誰的未來？到底是誰要面對？應該如何謙卑面對？這些都是我們自己每天必須處理的公共事務。

我們經常聽到「地球只有一個」、「我們生活在地球村」、「氣候變遷全球難逃」、「全球暖化不分疆界」、「食品安全不分藍綠」、「核能災害禍延數代」等事實名言。那麼世界社會的「共同未來」是什麼？

聯合國世界環境與發展委員會於一九八七年發表了《我們的共同未來》（Our Common Future）的全球報告；它分為「共同的問題」、「共同的挑戰」和「共同的努力」三大部分，並系統性的提出三個巨觀觀點：一、環境危機、能源危機和發展危機不能分割；二、地球的資源和能源遠不能滿足人類發展的需要；三、發展模式必須同時符合當代人和下代人的利益。基於上述三個觀點，該報告提出永續發展或可持續發展（Sustainable Development）乃為全球發展的共識，也是我們的共同未來。

理解公共，管得有理

人類永續發展是指，在保護環境的前提條件下既能滿足當代人的需求，又以不損害後代人的需求為前瞻的發展模式。一個追求及實踐永續發展的社會應具備以下特徵或原則[註2]：

1. 代際代內公正：實現代際公正，更要實現代內公正；當代一部份人的發展不應損害另一部份人的利益。

2. 地球生態平衡：經濟與社會的發展要符合地球生態系統的動態平衡法則和資源可持續利用原則。

3. 矯正耗能消費：改變矯正不合理的資源消耗式的消費模式。

4. 解決貧窮問題：解決全球貧窮問題，提升窮人的生活質量。

5. 採取基本行動：地球環境惡化得到抑制並表現根本改善的企圖。

6. 平等尊重對話：在平等公正和尊重國家主權的前提下解決國際爭端，以對話代替對抗。

7. 善用現代科技：依靠科技進一步解決永續發展中的主要問題。

8. 表現社會善治：建立節約資源型、環境友好型的社會發展模式。

註2

檢索日期 2015.11.10 參考維基百科 https://zh.wikipedia.org/wiki/%E5%8F%AF%E6%8C%81%E7%BB%AD%E5%8F%91%E5%B1%95

過去，我們總是說要取得環境保護和經濟發展的平衡點；但是，如果沒有永續的發展就沒有永續的經濟；**環境與經濟已經不是平衡的問題，而是人類永續發展的問題**。因此，永續發展不僅是「國際」社會的責任，也是「代際」之間的責任，更是現階段「國內和代內」立即行動的責任。

▌追求共同目標、創造共同家園

聯合國於西元二〇〇〇年發表了「千禧年發展目標」（United Nations Millennium Development Goals：UNMDGs）宣言，並以二〇一五作為第一階段期程；其八項目標包括：

1、消滅極端貧窮和飢餓；

2、實現普及初等教育；

3、促進兩性平等並賦予婦女權力；

4、降低兒童死亡率；

5、改善產婦保健；

6、與愛滋病毒／愛滋病、瘧疾以及其他疾病對抗；

7、確保環境的可持續能力；

8、全球合作促進發展。

根據「千禧年發展目標二〇一五年報告」，這十五年來各國政府、企業和民間社會的共同努力使 UNMDGs 有全面性的進步和改善；但是，不平等依然存在，永續發展必須深化。

新的全球目標矢志於改善不平等、經濟增長、全面的就業機會、城市和人類住宅、工業化、綠色能源、氣候變遷、可持續消費及生產、和平與正義的實踐；這些領域急需開闢新的進展。[註3]

梵蒂岡教宗聖方濟各（Pope Francis）於二〇一五年六月發表關於照料共同家園的教諭（Encyclical Letter On Care For Our Common

Home），受到全球矚目[4]。教宗用《太陽歌》（The Canticle of Brother Sun）中不斷重複的一句話「願祢受讚頌」來讚美造物主的偉大以及激勵人類應負起照料共同家園的責任；就是人類必須負起「耕種和看守世界園圃」的共同責任。

我們共同的目標，不再是以人類發展為中心，而是以人類責任為義務。宇宙萬物與人類同受造於一位天父，形成一個宇宙家庭；這個崇高共融的關係應使人類抱持更神聖、更溫柔、更謙卑的尊重態度。《願祢受讚頌》的核心思想擺在「環境與社會一體」的整體生態觀，也以整體生態觀作為實踐公義的新典範。教宗分析了氣候變遷、用水問題、保護生物多樣性和生態債務等生態危機，並敘明受影響最嚴重的就是窮人。

因此，教宗做出「以窮人為先」的團結付出選擇。再者，教宗也警告了生態危機的人性根源，「人類中心論」和「科技定奪論」造成了生態危機的深層宰制力量，大自然受摧毀，弱勢者及弱小民族受剝削，持有知識和經濟權力的人得以宰制世界發展。

未來，人類社會必須進行坦率、透明的決策對話，政治人物必須遠離「功效主義」、「即時主義」的市場經濟開發邏輯；財閥見利忘義的行為須受制裁。若要獲得真正的幸福，教宗聖方濟各呼籲，我們應追求另一種生活方式或生產模式，皈依生態及深化環境

註3
檢索日期 2015.11.10 參考
https://zh.wikipedia.org/wiki/%E5%8D%83%E5%B9%B4%E5%8F%91%E5%B1%95%E7
%9B%AE%E6%A0%87

註4
檢索日期 2015.10.20 參考
http://zht.radiovaticana.va/news/2015/06/18/%E6%95%99%E5%AE%97%E6%96%B9%E6%BF
%9F%E5%90%84%E3%80%8A%E9%A1%98%E7%A5%A2%E5%8F%97%E8%AE%9A%E9
%A0%8C%E3%80%8B%E9%80%9A%E8%AB%AD%E7%B0%A1%E4%BB%8B/1152287

教育，掛慮大自然，**為窮人伸張正義，再次感到互負責任、彼此相依；如此才有良善正直的喜樂和平安。**

　　人類社會面對「共同未來」絕不是預測何時會世界末日，或彌賽亞（基督教術語，意指受上帝指派，來拯救世人的救主。）何時到來。每一位公共事務管理者必須瞭解，「在地行動」、「照顧窮人」和「守望家園」就是面對共同未來行動方案的起跑點和生根處，在地守望及城市治理就是參與全球療癒的治理行動。人類社會雖沒有一種所謂的「全球文化」做為共同的認同和繫屬，但面對「共同未來」卻需展現一種世界觀、生態觀和治理觀的公共靈性，我們絕不能以好高騖遠或自不量力為藉口來貶低或降格自己應負的責任。

　　聯合國的「我們的共同未來」、「千禧年發展目標」和聖方濟各的「共同家園新通諭」，足以擴張我們的境界，促使我們願意進行跨領域的合作，並散播在地感動力，營造全球共同體。

Chapter 8

如何公共，怎樣應用？
公共事務的學科方法論

公共事務管理者（Public Affairs Manager,
PAM）的身分和職責，雖不見得是政治人物或政
策決策者，但其公共的角色和功能，卻經常是政
治性的政策性。因此，任何一位 PAM 也必須學習
和善用不同領域學科的論述規劃和分析工具。

第一節
建立 PAM 領導權威

一位 PAM 領導權威的強弱，除個人公共靈性、人格特質和領導魅力以外，也必須涉獵分析公共問題的方法和架構，表現政策主張的說服力和行政執行能力。因此，PAM 必須面對更高層次的方法論和分析工具的訓練。

PAM 對研究方法的運用，首先在於強化其知識和邏輯的權威，進而促使論述成熟，最後獲得利害相關人對其所提方案的優先支持。

▌找回論述的話語權

本章嘗試從政策科學、區域科學、生態科學、管理科學，不同領域學科的定義切入，強調跨領域的連結；從中說明不同學科領域如何豐富公共事務管理者的思維；公共事務管理者如何運用不同學科領域的論證，來處理公共事務；不同學科領域實踐了哪些公共價值，以強化 PAM 的政策支持度、知識權威性與論述成熟感。

「我為什麼要聽你的？」這是每一位公共事務管理者（PAM）經常要面對的質詢；不管是「有聲或無聲」、「大聲或小聲」、「公

開或私下」。因此，PAM 想要表現優質的領導力，就必須要學習優質的說服力，而這種說服力，絕對不是口才的訓練而已，而是思維、論述、分析方法的條理和可驗證性。說得口沫橫飛，經常惹人厭；有學理、有系統、有因果關係的思辨陳述，終究使人信服。

方法論的學習，就是幫助 PAM 能夠得到 PAM ——優先支持（Priority）、更具權威（Authority）與圓融成熟（Maturity），產生論述的力量。

研究方法簡單而言，就是一種研究問題的邏輯性思維和科學性驗證方法。因此，研究方法的選擇，必須符合研究問題的內涵本質，假設前提的情境脈絡和文獻中的使用經驗。研究方法的邏輯性，在於其思考問題和因果論述的一致性；研究方法的科學性，在於其效度（Validity）、信度（Reliability）及執行可行性（Feasibility）。

研究方法必會涉及到分析工具的選擇、政策工具的運用及政策設計的考量。公共事務推動者和政策決策者最喜歡化繁為簡的架構、因果關係清楚、成本效益合理、優先次序明顯，和回饋系統單純的研究成果。研究方法的選擇和運用，就是在幫助 PAM 累積更多實力說服追隨者，並表現優質的公共治理。

第二節
當美麗灣不再美麗?

當美麗灣不再美麗?「誰的意見應該被考量?」(Who Should
Be Counted?)是研究民主社會公共決策一個最基本,但也是
最困難的問題。

▌重返民主的審議式政策科學

政策科學,即「以制訂政策規劃和政策替代方案為焦點,運用
新的方法對未來的趨勢進行分析的學問。」

拉斯威爾(Lasswell)一九五一年指出,政策科學具有以下六
個要素[註1]:

1. 民主性——政策科學是關於民主主義的學問,必須以民主體
   制為前提。

2. 合理性——政策科學的目標是追求政策的合理性,必須使用
   數學公式和實證資料建立可檢驗的經驗理論。

註1

Lasswell, Harold D. "The Policy Orientation." in Daniel Lerner and Harold D. Lasswell
(Eds.), Policy Science (Stanford: Stanford University Press, 1951). pp. 3-15.

3. 確定性——政策科學是一門對於時間和空間都非常敏感的學問，所選擇的政策分析模型必須在時間和空間上有明確記錄。

4. 跨學科——依靠政治學、經濟學、社會學、心理學等學科知識來確立自己嶄新的學術體系。

5. 跨領域——需要學者和政府官員的共同研究，後者的實踐經驗對於政策科學的發展具有重要的意義。

6. 動態性——政策科學必須具有發展概念，以社會的即時變化為研究對象，必須建立動態模型。

解密政策科學（Policy Sciences）	
意義	研究與公共政策有關之各種論點的系統性知識。
範圍	包含公共政策研究與政策分析在內，它著重對政策有關之學術理論與方法論的研究探討。
目的	累積政策相關知識。
工具	例如：政策論證、判斷分析。

▍美麗灣的不美麗宿命[註2]

「美麗灣渡假村」開發案，是臺東第一個 BOT 案，位置選在臺東縣卑南鄉的杉原海岸。杉原海岸是東臺灣唯一的沙灘，

註2
本小節部分內容修改自柯志昌，2014，地方治理思維與政策工具運用之研究，新北市：韋伯文化國際出版有限公司，頁 118-120。

一九八七年臺灣省政府教育廳核准設杉原海水浴場，開放營運。一九九〇年「東部海岸國家風景區管理處」接手經營杉原海水浴場。二〇〇四年臺東縣政府收回杉原海水浴場，臺東縣政府為了增加縣政收入，以 BOT 方式交給「美麗灣渡假村公司」經營。

「美麗灣渡假村公司」接手後，臺東縣政府協助切割為 0.9965 公頃的土地，讓美麗灣公司興建「美麗灣渡假村」飯店主體。將這片近六公頃的沙灘以一個月三萬元的租金及 2% 的權利金，租給美麗華集團，租期五十年。預估縣政府可收取經營權利金、土地租金、所得稅等，共超過五億兩千萬元。美麗灣開發案於二〇〇四年底動工，主建築至今已興建至五樓共一百多個旅館房間。

但因未經環境影響評估即動工，引起環保團體的譁然，展開一連串的抗爭、陳情和行政、刑事訴訟。環保團體認為縣政府將原本 5.9956 公頃的土地切割 0.9965 公頃，是為了規避一公頃以上要環保的漏洞，且興建中破壞沙灘，禁止民眾進入，主體接近暴潮位，安全堪虞；當地的阿美族部落，也指控侵犯傳統領域。

業者和臺東縣政府也聲稱針對環保團體的指控已提出解決，已有條件通過環評，且採取國際級的污水處理設備，以及成功大學的暴潮位安全評估。儘管行政和刑事訴訟還在進行，但是以現行的程序和「信賴保護原則」前提來看，只要在合法情況下，臺東縣政府就須發給各項執照。

臺東縣工業策進會總幹事侯壽松指出，環保人士扮演的角色應該是告知「哪裡破壞環境」，然後業者提出改善；或是指導業者如何改善缺失。環保團體、產業界、地方政府與在地居民都將「美麗灣渡假村」當作「灘頭堡」誰也輸不起，走向零和之爭，但面對環境良善治理，如何尋求「平衡點」？

業者於二〇〇六年補送環評書到臺東縣政府審查，總面積變成 5.9956 公頃（新增第二、三期工程與二十五間度假別墅），尚未通

過審查。縣政府強調一切依法行政，絕無徇私圖利。縣府環保主管機關認定美麗灣渡假村主體建築部份，因未超過一公頃，依法免實施環評；至於擴建部份，美麗灣財團申請開發 0.9965 公頃，卻超限開發五公頃，違法施工長達一年以上。

環保署則在二〇〇八年七月發函認定，此開發案違反環評法，必須立即停工。但臺東縣政府受制於 BOT 合約，業者依然繼續施工旅館建築，以分期開發方式不實施環境影響評估，原預定於二〇一一年底對外營運。

二〇一二年一月最高行政法院判決「撤銷環評」定讞，撤銷第五次環評的結論，於次月臺東縣府要求美麗灣停工，業者四月補足資料再提環評審查，同年九月環團「停止開發」訴訟，最高行政法院判決環團勝訴定讞，一公頃部分停止開發，十二月二十二日臺東縣府召開 5.9956 公頃部分第七次環評審查會，並做成「有條件通過」的決議。二〇一四年十月二十八日高雄高等行政法院再次撤銷美麗灣度假村開發案第七次環評結果，判定被告臺東縣政府的環評審查結果有誤，面對此結果臺東縣政府決定再次上訴，十年的美麗灣爭議成為臺灣環境保護運動的指標。

支持此開發案者是額手稱慶，認為美麗灣的營運會帶來臺東的發展；反之，反對者則批評此案例一開，全台國土恐都要失守，並指出法理上，最高行政法院判決美麗灣「環評無效」定讞、「建造無效」定讞；行政程序上，第七次環評，應有十五位委員出席，實際出席為八位，其中又有三位是縣政府人員，其立場不中立，依法必須迴避；生態環境方面，美麗灣的營運對於當地生態帶來嚴重的影響。

此外，美麗灣的營建已影響當地阿美族等居民的傳統生活方式。由此個案，在在凸顯了面對公共事務管理議題中，環境、經濟、制度與社會等各面向，與政策利害關係人的認知衝突。

▼二〇一二年七月二十八日，藝人團體為守護捍衛東海岸，進駐杉原沙灘，舉行「拒絕美麗灣——沙灘、海洋、fudafudak 永遠的天堂」音樂會暨事件展。

▼二〇一二年七月二十八日千人吼海洋，呼籲政府速拆美麗灣。

▼當美麗灣不再美麗？誰的意見應該被考量？

▼二〇一二年十二月二十二日，反對民眾扛著竹筏企圖衝破警方人牆，數度發生激烈衝突。美麗灣有條件通過環評，人民和環團持續抗爭。

當政策和人民陷入兩難

美麗灣不再美麗，「誰的意見應該被考量？」（Who Should Be Counted？）成了研究民主社會公共決策一個最基本，但也是最困難的問題。

它之所以是一個既基本又困難的問題，主要導因於對民主價值的堅持。學者威瑪及范寧（Weimer and Vinning）於一九九九年在他們著名的政策分析論著當中表示，民主社會當中的政策分析工作，必須策略性的思考政策規劃完成之後，合法化與執行的問題，也就是說，公共政策的規劃，必須具備一種「向前思考」（Forward-Looking）的策略意涵。

這種策略思考的背後，主要是從政策主管的角度，藉由預評估的各種工具（民調、座談、焦點團體等），事先了解所規劃政策可

能有的「瑕疵」所在[註3]，並且預作修改或是防範。因此，在這過程中，政策利害關係人面對公共事務行為態度與議題的掌握，是有其必要性的。

因此，在公民積極參與公共事務時代來臨前，政府實有責任扮演好治理過程之重要主導者，且有義務引導公民應有積極參與公共事務熱情與態度。

在許多環境衝突事件處理中，相關政策利害關係人顯得受到忽略，並草率而為之，深不知環境與人共生共榮的重要性。而在臺東美麗灣渡假村 BOT 案，原本地方政府是希望藉由引入民間業者的投資興建，帶動地方發展與提供在地就業機會，但是截至目前為止，所產生的政策困窘（Policy Predicament），後續該如何解決？

理解公共，管得有理

「政策困窘」（Policy Predicament）為美國公共政策學者 George Edwards III 及 Ira Sharkansky 在一九七八年著《政策困窘》（The Policy Predicament）一書中指出，公共政策制定和執行是為了解決各種政策問題，為人民帶來期望的福祉，但實際上往往發生不願見的困境；換言之，付出的代價常常超過所有獲得的利益，正如「穀貴傷民，穀賤傷農」的例證。

註3

David Leo Weimer, and Aidan R. Vining, Policy Analysis: Concepts and Practice （Prentice Hall,1999). pp.261-294.

二〇〇五年，索科洛夫（Sokoloff）等人藉由描述美國費城賓恩新生地論壇，進行費城水岸的審議式都市規劃，這個論壇結合了都市規劃者、城市設計師、一般公眾以及城市主要的報紙，形成他們發展衰頹水岸的一組賓恩新生地原則（Penn's Landing Principles），建構一個以價值為本的市民討論。

論壇的設計與召開，旨在轉變專家導向與公民導向之間的運作方式，提供不動產、水岸設計與開發、賓恩新生地的發展史，以及世界上其他成功水岸設計的專家知識。之後，進一步致力於小組的公民審議，市民在會議中將專家資訊，與他們對水岸的個人經驗連結起來，積極討論四大問題：

1. 誰在使用賓恩新生地？誰是過去、現在及未來的使用者？當中有哪些人沒與會？
2. 民眾在賓恩新生地做什麼？民眾現在如何使用這塊地區，這個地點未來還有甚麼其他用同的可能？
3. 是什麼限制了民眾做這些使用？
4. 該用何種原則來導引賓恩新生地的發展？[註4]

▋公共價值──審議式政策分析（Deliberative Policy Analysis）

一九五一年，政策科學之父拉斯威爾（Lasswell）率先拋出政策取向（Policy Orientation）的政策科學，期盼政策研究能橫跨專業學科，達到科際整合的目標。

有感於當時美國社會風氣著重的，是個人的尊嚴，而非一群人

註4

Harris Sokoloff, Harris M. Steinberg, and Steven N. Pyser, "Deliberative City Planning on the Philadelphia Waterfront," in J. Gastil and P. Levine（Eds.), The Deliberative Democracy Handbook（San Fransisco: Jossey-Bass, 2005). pp. 68-79

的優越，拉斯威爾（Lasswell）試圖澄清與強調，政策科學追求的基本目標與價值，應是充分實現整體人類的尊嚴。稍後，他更提出對「民主的政策科學」的期待。

經由「政策科學民主化」之過程，重返當年拉斯威爾（Lasswell）為「民主的政策科學」畫下的航道圖。期盼一方面讓政策分析免於傳統典範的支配，淪為純技術導向思考的工具；另一方面則吸納當代政策科學典範的觀點，使政策分析真正成為民眾與政府之間的橋樑，發展出有利公眾的政策主張。

爰此，政策學者提倡的審議式政策分析，旨在改變原先僅依靠政策分析人員和專家的方式，全面將諮詢對象擴大至整體公民的範圍。希冀在制定與執行政策的過程中，所有得以影響政策與受到政策影響的公民，皆可在公開對談與審議模式的機制下，進行討論。

透過提供充足的資訊與意見，政治決策者、政策分析人員才能廣泛了解政策利害關係人和標的人口之需求和想法，也才能提出更完善的政策建議（deLeon，1990:30-31）[註5]，並提升現代國家政府治理的正當性基礎（Hanberger，2003）[註6]。

註5

deLeon, Peter （1990). "Participatory Policy Analysis: Prescriptions and Precautions." Asian Journal of Public Administration, Vol. 12, No. 1:29-54.

註6

Hanberger, Anders （2003). "Public Policy and Legitimacy: A Historical Policy Analysis of the Interplay of Public Policy and Legitimacy." Policy Science, No. 36:257-78.

第三節
「蘭」色大門再啓：
島嶼核廢料存放的環境正義

二〇一一年三月十一日，日本東北地區強震，引發海嘯所造成的福島第一核電廠災變，震驚了全球，亦喚醒了臺灣全民對核能及核安問題的高度重視，讓原本在爭議中不斷得以喘息與持續施工的核四廠，終於被攤在全民關注的眼神前，再度受到檢視。

▌區域科學，空間的再進化

區域科學是一門有關區域或空間系統的治理、開發、管理的具有地域性、綜合性和實踐性的學科。

就廣義上而言，任何具有空間維度的社會科學研究議題，皆屬於區域科學的一環，但都不會脫離經驗分析和理論分析這兩方面。由於公共事務的綜合性和複雜性，單一議題會有不同觀點的爭辯，各領域之間存在「內部」衝突；多個議題存在優先處理順位及取捨考量，各領域之間存在「外部」衝突與排序。

要處理好這些衝突，必須依靠公共事務的實務經驗，提供分析方法與指導綱領，這使得區域科學與公共事務逐漸發展出「獨立學門」的趨勢。

以鄰避性設施（Not-In-My-Back-Yard，NIMBY）為例，雖為不受歡迎的設施，但卻是「服務廣大地區民眾，但可能對生活環境、居民健康、生命財產造成威脅，以致於居民不希望設置在住家附近的設施」。鄰避設施具公共財及外部性的特性，設施產生的經濟效益由社會大眾所共享，但所產生的外部效果（如污染、房價下跌）確由設施當地居民來承擔。

設施一般具有一定程度的危險性，居民為非自願的接受其設置，也無法瞭解風險程度，因此產生抗拒情形。在這當中涉及到區域科學、環境生態學、經濟學、社會學、傳播與公共關係等方面的問題。其中牽涉到的主要矛盾和次要矛盾、要素的組合與變化發展趨勢等問題，無不考驗公共事務管理者的智慧。

解密區域科學（Regional Sciences）	
意義	是用各種近代計量分析和傳統區位分析相結合的方法。
範圍	由區域或空間的諸要素及其組合，所形成的差異和變化的分析入手。
目的	對不同等級和類型區域的社會、經濟發展等問題進行研究的一門應用學科。
工具	例如：區位商數 L.Q.、投入產出 I/O。

▌ 生態科學，環境保護的體現

生態科學是研究生命系統與環境相互作用規律的學科，當前，生態科學研究的關注點包括生物多樣性的保護和作用、受害生態系統的恢復和重建、氣候變化對陸地生態系統的影響以及生態系統的管理等。

人與自然的關係經歷了四個演變過程：

（1）原始平衡關係。（人類改造環境的能力較弱，環境對人
　　　的制約作用較強）

（2）人類與環境的對抗性增強，環境遭到破壞。

（3）人類開始「征服自然」，出現資源短缺和環境惡化。

（4）人與自然和諧相處，實現永續發展。

　　綠建築，是生態科學運用在公共事務中的一個例子。傳統的建築使用水泥大面積覆蓋植被和土壤，使大部分生物無法繼續生存，也改變了周遭環境的原有樣貌，導致生物多樣性的大量流失，影響了生態平衡。

　　綠建築藉由提供大面積、連續、多樣化且低度干擾的棲地，並種植多樣化的原生植物，除了達到節能減碳的效果，更包含友善生物的理念。

解密生態科學（Eco Sciences）	
意義	研究生物與其周圍生活環境，以及兩者之間相互關係的學問。
範圍	是人類的科學，如保護生物學、濕地管理、自然資源管理、都市計畫、社區衛生、經濟學、基礎科學以及應用科學和人類的社會性的互動。
目的	認清人類在自然界與社會中所佔地位，以及所扮演角色，維繫自然界的平衡與繁榮。
工具	例如：生態足跡、能值分析、遙測。

▌環境正義，如何處理爭議？

「環境正義」一詞的使用，最早源自美國。在一九六二年時，瑞秋・卡森（Rachel Carson）發表了著名的小說《寂靜的春天》（Silent Spring）一書後，在美國引起廣大迴響，並且造就美國國內環境意識的抬頭，也引發人民開始重視環境議題。

環境正義運動真正在美國發展、茁壯，是在一九八〇年代，學者一般認為，環境正義運動的興起，可追溯至一九八二年，北卡羅萊納州的華倫郡事件（Warren County）。當時華倫郡的住民結構以黑人居多，再加上該郡是北卡羅萊納州最貧困的郡之一。

住民們認定，政府與掩埋場的場主，看準了當地黑人社區缺乏政治影響力與社會動員的能力，而針對性地把掩場興建於當地。同時，當地民眾們也多認為掩埋場的興建及隨之而來的毒物入侵，不僅會影響住民健康與當地生態環境，這種帶有種族主義的選址方式，更無疑對黑人人權造成嚴重的侵害。因此，華倫郡與周邊各郡的居民聯合反對在當地興建多氯聯苯（PCB）的廢料儲存設施，一連串的抗爭也揭開環境正義運動序幕。

最後華倫郡居民的反對運動，並不能有效阻止該掩埋場的興建，有五百多位居民在大規模示威活動中被捕，反對運動因此收場落幕。雖然整個運動的結果看似失敗，不過更有意義的是，激起美國民眾以及政治人物對於社區土地公平利用、污染源移除，及資源平等分享等問題的重視。

環境正義的基本主張，包括少數民族及弱勢團體，有免於遭受環境迫害的自由、社會資源的平均分配以及資源的永續利用，以提升人民的生活素質。個人、每個社會群體對乾淨的土地、空氣、水和其他自然環境，皆有平等享用的權利。

廣泛的環境正義，可定義為：「人類不分世代、種族、文化、性別或經濟、社會地位均同等享有安全、健康以及永續性環境之權

利，**而且任何人無權破壞或妨礙這種環境權利。**」這裡的環境包括了生物性、物理性、社會性、政治性、美學性及經濟性環境。

臺東蘭嶼核廢料儲存場開始於一九七四年選定，於一九八二年正式將核廢料貯放在蘭嶼。「蘭嶼計畫」從政策設計到政策執行，中間過程政府並未有公開、透明的說明，讓居民了解這個政策實施後會帶來什麼樣的影響，也就是缺乏了審議式民主的溝通。一九八四年起，原住民發起一連串民族自救運動，自此之後，各種抗爭的活動陸續發動，達悟族「反核廢料運動」就是在這樣之時空背景下產生。

當年國民政府並沒有誠實告知蘭嶼居民，在蘭嶼動工建造的是「核廢料儲存場」，而是以興建「蘭嶼罐頭工廠」名義來欺騙達悟族人。一九八七年十二月爆發「反核廢料機場抗議事件」後，達悟族向國家爭取「生存權、財產權與環境權」的怒吼，開始長達近三十年「反核廢料、保家園」抗爭運動之歷史。

從環境正義看蘭嶼核廢料儲存場設置爭議，其中牽涉政府區域科學中，區位選址決策引起的原住民土地問題，核能廢料保存不當造成的生態科學中相關環境問題，以及遲遲未兌現核廢料儲存場移出蘭嶼等問題，都涉及到侵害原住民的土地及生存環境問題。

分析區域的要素，可以從自然因素和社會人文因素入手，分析影響有利條件和限制性因素，評價現有的佈局，是否合理或尋求未來佈局的最佳區位，對區位因素的組合可能性和發展變化趨勢做出預測。在分析某個區域時，最重要的是應掌握區域特性，發揮區域的優勢，改善區域的不利因素，針對區域存在的問題提出針對性措施，最終促進區域永續發展。

研究區域內的人地關係，可以將地理資訊技術如地理資訊系統（GIS）、全球定位系統（GPS）、遙感（RS）等與人文、社會統計數據疊加，做出更精確的分析。還可以透過如Facebook社群網站、

Line 即時通訊軟體、PTT 鄉民論壇等來彙集大眾對區域的看法、意見及願景。

　　臺灣原住民族世居於臺灣這片土地,大地就像是孕育生靈萬物的母親。蘭嶼達悟族人自一九八二年起在資訊不對等的情況下,並利用原住民偏鄉地區的經濟弱勢,以罐頭工廠之名義設了核廢料儲存場、污名化的回饋機制以及殖民侵權的公投手段,將汙染核廢料棄置在原住民族的生活領域,蘭嶼的達悟族人要求核廢遷離家園的訴求已經多年,社會的關注能量也是起起伏伏,近年的核廢遷出訴求,又伴隨著新的儲存場選址問題,引起整體原住民社會的關注。

▼「308 護台東‧反核廢」大遊行頭巾

▼反核誓師大遊行，集結花東兩縣六十多個社團，大約兩千人
　上街反核廢。

▼年輕學子加入反核運動，
　實踐公民理念。

▼遊行訴求：全面廢核、面
　對核廢、終結核四、非核
　家園。

▌資源整合，實踐公共利益

公共事務管理的目的是為了實現公共利益。公共利益既是公共事務管理的根本目的，也是公共事務管理的本質要求。在區域科學中，權力不僅是決策執行過程中必不可少的要素，也是公共事務管理者改造區域的必要手段。

過去，區域科學在公共事務管理中，主要運用於行政效率、政府效能與區域創能。運用區域科學的概念可將人力、物力、財力和時間及其他各種資源整合，並加強各級政府機關垂直、水平層級之間網路連結，以達到行政效率的最大化。

對公共事務管理者而言，權力並不是政治的春藥，而是為了謀取最大公共利益的一個工具。「不在其位，不謀其政。」公共事務管理者對於手中的權力應審慎、善用。傳統的治理模式認為，謀求大多數人的利益，即代表著公共利益的最大化，但實際過程中的權衡卻常常充斥黑箱操作和利益分配不均，任由少數政客與某些財團獲得利益。

新的治理模式，要求公共事務管理者權衡多數、優先、環境、永續，在追求大多數人利益的同時，必須照顧少數及弱勢，所得成果不僅要合理分配，更要對少數、弱勢及利益受損者傾斜。符合一九七一年約翰‧羅爾斯（John Rawls）的《正義論》（A Theory of Justice）中所主張「自由」和「平等」的原則性調和。其核心包括：提供正義的環境，以及，在此環境中為參與者提供公平選擇的機會。

理解公共，管得有理

《正義論》（A Theory of Justice）

約翰·羅爾斯（John Rawls）是美國政治哲學家、倫理學家，一九七一年所著的《正義論》（A Theory of justice）可以說是當代政治哲學最重要的一部著作，亦是當代自由主義（liberalism）最重要的理論之一。

正義二原則（The Two Principles of Justice）

第一原則（自由原則）——

每個人都應該有平等的權利，去享有最廣泛的基本自由權；而其所享有的基本自由權，與其他每個人所享有的同類自由權相容。

第二原則（平等原則）——

應該調整社會和經濟的不平等，使得：

1. 各項職位及地位必須在公平的機會平等下，對所有人開放。（機會均等原則）

2. 社會中處於最劣勢的成員受益最大，並與公平救濟原則相容。（差別原則）

　　社會的穩定與發展，必須以社會公共利益為基礎，在進而帶動私人利益的發展。因此，公共事務管理者必須瞭解不同區域的不同社會組織機構，以便確定目標、目的和價值，在改善區域體制、解決區域問題、實現區域目標、緩解區域衝突、提高群體的素質等等方面做出建樹。

　　工業化和城市化在帶來生產力發展、人們生活水準提高的同時，也帶來三大危機：資源短缺、環境污染（水污染、大氣污染、

噪音污染、固體廢棄物污染、放射線污染等）和生態破壞（水土流失、土地荒漠化、土壤鹽鹼化、生物多樣性減少等），這給公共事務的發展帶來新的課題。

我們除了需要注重人與人間的互動與交流外，還需要注意與自己腳下所踩的土地的相處模式。過去由於人們片面追求經濟快速發展，忽略了與生態環境友善和諧共存。然而，環境污染加重、生態危機頻發已經警告我們，若是想真正提升生活品質，就需要對公共領域的生態有更敏銳的認識，具備公共領域的生態美學修養。

當經濟發展到一定水準，世界各國都越來越重視生態的永續性。而生態科學正是隨著生態環境保育重要性提升，應運而生的一門學科。它改變了過去科學為滿足人類欲望而研究的動機。現今，世界各國積極宣導生態科學的應用，希望能達到生態環境的保護和永續經營，在經濟持續增長的同時，兼顧公共建設和維護自然生態的機能。

在國內，政府對生態環境的保育也是不遺餘力，例如設立國家公園維護生態綠地，更在能源、水資源、國土規劃與交通建設上，以最低消耗永續發展為考量，向綠色家園邁進。一九八七年防止臭氧洞繼續擴大的「蒙特婁議定書」、一九九七年促進節能減碳的「京都議定書」等，都是應用與鼓勵使用生態科學來保護環境的政策。

在生態環境重要性日益提升的現在，**生態科學的典範，是幫助我們更瞭解自己所生活與生存的環境的重要工具**。隨著人類活動範圍的擴大和生態不穩定性的增強，生態科學所要研究的物件也越來越多元和複雜，這給生態科學提供了許多新課題和新難題。

另一方面，這些新課題和新難題，也為公共事務管理者提供了更廣闊的視野，使他們能夠創造出更多具有創新性的想法與政策。

第四節
管理科學中的社會企業家政府 ■■■■▮

管理科學是一門綜合交叉學科，是系統研究管理活動的基本規律和一般方法的科學，簡而言之，管理科學就是管理者為了提高處理事務的效率，完善處理事務的方法，而運用科學工具來進行管理。

▌管理科學，掌握脈絡的關鍵

管理科學，即是透過採取某些具體的手段和措施，使所有管理對象在特定的環境中，做到協調而有秩序地進行活動。管理科學所包含的問題相當廣泛，可以從自然科學的角度觀察，也可以從社會科學的角度觀察。

管理具有四大職能：

（1）計畫：計畫是管理的首要職能，簡單地說就是：做什麼、怎麼做。組織等其他一切工作都要圍繞著計畫所確定的目標和方案展開。

（2）組織：為了有效地實現計畫所確定的目標，在組織中進行部門劃分、權力分配和工作協調的過程，包括組織結構的

設計、組織關係的確立、人員的配置以及組織的變革等。

（3）領導：領導職能的核心和難點，是調動組織成員的積極性，需要運用科學的激勵理論，以及和合適的領導方式。

（4）控制：包括確立控制目標、衡量實際業績、進行差異分析、採取糾偏措施等。

公共事務管理基於管理的立場，認為提升公共事務之績效，必須仰賴管理技術之精進。公共事務藉由採用管理科學的理論、方法和技術，引入市場機制，提高公共管理水準及公共服務品質。

公共事務若缺少了管理科學這個科學方法，一切公共事務將會成為一盤散沙，沒有制度、沒有條理、沒有由上至下的約束、亦沒有由下而上的參與，進而影響到實施方案的效果。公共事務管理者應在公共政策領域中有專業化管理，並且有績效的明確標準和測量。這需要確立目標並設定績效標準，因此要格外重視科學方法。

在公共事務中，需要對方案所涉及的資源進行管理。傳統的資源觀從經濟角度出發，只看到眼前的人、財、物，並以經濟收益為衡量工具。新的資源觀要求公共事務管理者用全新的眼光看待資源。

公共事務是屬於大家共有、必須進行妥善管理的事務。它具有維持社會成員彼此聯繫與共同福利的作用，這對共同體未來的重要性具有極大的影響。欲成功管理公共事務，必須促使公共事務得以共同化，使得大家都能夠加入公共事務中，為公共事務出錢出力。與此同時，社會成員彼此之間的聯繫會日益增強，促進共同體的發展。

解密管理科學（Management Sciences）	
意義	研究人類活動規律及其應用的科學，偏重於用一些工具和方法來解決管理上的問題。
範圍	著重在計畫和控制這兩項職能。
目的	透過科學原理、方法和工具應用於管理的各種活動之中。
工具	例如：決策與判斷分析、專案管理、統計分析。

多元創新，開創社會企業

「社會企業」（Social Enterprise）倡議以企業精神和營運模式帶動「社會創新」（Social Innovation）和變革，但經常被誤解為另類福利機構或扶貧慈善事業。事實上，社會企業並不只侷限於那一個界別或行業，社會企業講求合作和關愛精神，或可為二十一世紀的共生發展提供出路。

「社會企業」是「社會創新」的其中一環，社會創新需要社會企業家的支持。它的定義，是用新的、意想不到的方法、模式、理念、資源或協作，成功回應複雜的社會問題，促進社會改變。社會創新往往包含對弱勢角色的肯定和信任，在過程中，「強」與「弱」、「施」與「受」、「上」與「下」的既定觀念將受到衝擊和被逆轉。「社會創新」最重要的一點，是「官」、「民」、「商」關係的重新思考，是納入一向被視為「受眾」的家庭和社區，成為利害關係人，是一種新夥伴關係，和一套回應二十一世紀生活價值觀的形成。

史丹佛大學商學院的「社會創新中心」（Centre For Social Innovation）認為，過去廿年最重要的社會創新，是「微型貸款」（Microfinance）。由諾貝爾和平獎得獎者尤努斯（Yunnus）教授創辦的孟加拉鄉村銀行（Grameen Bank），顛覆了傳統銀行不近人情

的形象，把微型信貸發展為創新的減貧工具。

鄉村銀行幫助數以百萬計的孟加拉人脫貧，認為借貸是每個人的權利，小型貸款不一定要拿磚頭或機器當抵押，法律手續也比不上銀行與客戶之間的信任。

當絕大部分銀行都視知識水平不高的鄉村婦女為不可信的社群，**鄉村銀行卻專門為婦女服務，為她們提供小額借貸，由數十元美金開始，讓她們可以買一頭牛，一台織布機或開個小貨車，學習自力更生，逐步脫離貧窮**。鄉村銀行發現，婦女的責任感和準時還款能力比男性還要強，婦女客戶的壞帳很少。鄉村銀行用創新的方法解決貧窮問題，不讓窮人和婦女定型為「弱勢」。

公民社會與政商界平起平坐，共同商議和參與決策；經濟發展可有多元模式，在市場以外可用社區經濟解決問題，生活和發展要有新的定義，要比過去來得克制、對得住地球資源；不要小覷家庭，複雜的社會問題可以透過婦女的細心和長者的經驗，取得有效的解決辦法；政府決策必須帶出公平和公義的原則，鼓勵包容和多元，不能製造分化。

▌ 拯救危機，有賴社會企業家政府

自一九九○年代後期以來，歐美國家因面臨日益沈重的財政壓力，開始重視兼具營利手段與非營利目的之社會企業的發展。

歐美國家認為，社會企業有助解決「政府失靈」、「市場失靈」、「志願失靈」等問題，從而在公共治理模式上，開展政府與公民社會之間的新協力夥伴關係。

（一）全能型政府（Omnipotent Government）

傳統的公共管理模式，強調的是全能型政府或大政府主義，主張由政府來提供一切的公共服務；因此，此治理模式關注的是，政策或公共服務是否涵蓋所有政策標的或受益對象。

　　然而，此一強調政府由上而下管理，或控制的傳統公共管理模式，由於忽略了民間部門或政策標的對象的治理需求，因此難以處理日益多元且變遷快速的公共議題和問題。特別是在一九七〇年代之後，歐美國家因財政赤字、失業率高漲，政府不再能夠提供有效解決社會和經濟治理需求的公共服務，因而導致所謂「政府失靈」（Government Failure）的批評。

（二）新公共管理（New Public Management）

　　對於傳統公共管理或大政府主義，過去所忽視的效率問題，在新自由主義的精神下，新公共管理提出了企業型政府的概念，強調效率和績效導向的治理模式。

　　因此，新公共管理模式對政策工具的運用，主要關注的是環境面的法規鬆綁和供給面的創新；包括在公共服務的提供方面，一改過去由政府提供或少部分補助非營利組織辦理的模式，開始透過採購競標、外包契約的方式，允許私營企業參與提供公共服務。同時，也將原本屬於公部門之公營事業，進行民營化，或將公共服務私有化，以提高公共服務提供的效率，並減少政府財政負擔。然而新公共管理的治理模式，雖然有效提升公共服務輸送的效率，但是隨之而來的政策副作用，則是公共服務受益者的不平等或「市場失靈」（Market Failure）問題。

（三）新公共服務（New Public Service）

　　由於大政府主義和新公共管理所反映出的政府與市場雙重危機，乃使得第三部門的角色重新獲得重視。丹哈特夫婦（Denhardt and Janet）分別於二〇〇〇年與二〇〇三年提出新公共服務的治理模式概念，強調公共服務不是產品，而是隱含公共利益的概念，以及公共服務不是將公民視為顧客，而是要重視其公民權，促進公民參與治理。

　　新公共服務強調政府與第三部門協力（Collaboration）的重要

性，主張參與型治理，由公民來自治；政府則應藉由各種方式，激勵公民意識並使之積極參與公共事務，協助公民或社群賦權（Empower），使公民不再只是公共服務的顧客或被服務者，而應該是共同參與者。

政府的角色不再是領航或指導者，而是公共資源的管理者、公共組織的保護者、市民主義與民主對話的促進者、社區參與的催化劑及基層服務的領導者。

環境面的政策工具，針對包括社區成立自治組織（社區發展協會等）、政府委託社會團體和社區自治組織，辦理公共服務、公民審議機制、提高民間社會對非營利組織的捐贈誘因（慈善捐贈得抵減稅負、聯合公益勸募等），修法或建立新的法規制度。

供給面的政策工具，例如：（1）政府在採購方面，得支持社區企業之產品，或優先採購社會弱勢團體所提供的服務及產品；（2）政府得透過直接或間接補助舉辦工作坊等方式，為社區或社群提供公共議題資訊及知識背景，予以公民治理賦能；（3）政府預算補助非營利組織或社區自治團體之運作經費，補助項目及範圍包括人力聘用、租金、活動等費用補助。

需求面的政策工具，例如：地方或社群之治理議題的需求和設定，交由公民進行民主審議來決定；有些國家，例如巴西，將地方治理的議題和預算需求，交由地方公民審議來決定。

新公共服務治理模式，雖然有助於公共價值的彰顯，而非一味以追求效率或成本效益，作為公共服務提供的圭臬。然而，公私協力或參與治理，由於強調公民精神和價值，政府偏重與非營利組織協力，也並非全無問題。

相關研究已指出，政府與非營利組織協力合作的結果，經常出現政府操控非營利組織、非營利組織迎合政府政策或成為傳聲筒、非營利組織官僚化、非營利組織過度依賴政府，而產生獨立性降低

和使命飄移（Mission Drift）等問題。

　　產生這些問題的根源，乃肇因於非營利組織在資源上無法獨立自主。另外，非營利組織本身也可能出現專業不足、資源不足或運用無效率，而產生「志願組織失靈」或「志願失靈」（Voluntary Failure）問題。

（四）社會企業家政府（Social Entrepreneurial Government）

　　如同政策世代論的主張：政策變遷是「由忽視所導致的」，在前三種治理模式分別出現政府失靈、市場失靈和志願失靈等治理困境之後，西方國家嘗試引入商業經營與社會利益兼融的社會創新（Social Innovation）手段，來探索新治理模式的可能性：公共治理的第四條路，即是─社會企業家政府。

Chapter*9*

擺脫定錨效應：
基礎分析工具的運用

「工欲善其事，必先利其器」，面對公共事務
領域重要性不斷提升的時代趨勢，本書嘗試
導入不同領域學科所發展之重要分析工具，
並結合相關政策議題與時事案例進行應用與
反思，以強化公共事務管理者的政策支持度
（Priority）、知識權威性（Authority）與論
述成熟感（Maturity）。

第一節
薪資回不去？
年輕人的 22K 緊箍咒

政策分析，是對政策的調查、制訂、分析、篩選、實施和評價的全過程，進行研究的方法。**政策分析始於觀察社會、發現問題並提出解決方案**，每個社會個體都是公共的一環，政策從制定到實施的過程，與每個個體都息息相關。

▌如何進行政策分析？

政策分析即針對政策從形成、制定、執行到評估的各階段，以充分的資訊、理性的方式，評估某項政策的實行是否合適，可針對事實、現況進行描述性分析，對於普世的公共價值提出評估性的判斷，最後提出建議的處方性解決方案。

評估一項政策，可根據效能性、效率性、合適性、平等性、回應性、適當性等進行多方面的考量。效能性，是指政策能否達成預設目標，或有價值的結果；效率性，是指考量政策付出成本及成效之間的性價比；合適性，是指政策是否能滿足問題需求；平等性，是指某政策的效果，在不同社會團體間是否被平均分配；回應性，是指政策滿足特定群體的需求或價值的程度；適當性，是指全面地

思考某政策是否合宜。

然而，通常一項政策難以同時達到上述六個標準，任何政策都會有受益與受害的雙方。判斷政策的合適與否，對於公共事務管理者尤其是政府決策機關，除了依照「兩利相權取其重，兩害相權取其輕」的原則，應更全面地考量是否符合公共價值、增進公共福祉。

政策的優劣，影響的並不只是少數人和少數領域，而是整個社會。政策擬定環節，需要集結各專業領域的專家，分析各項政策的優缺點，選出最恰當的政策，並隨時留意實施後所帶來的影響，決定是否進行修正或停止使用。

政策分析的核心問題，是對備選政策的效果、本質及其產生原因進行分析。它是在運籌學和系統分析的基礎上發展起來的。運籌學和系統分析，側重於對系統進行定量分析，政策分析，則側重於對問題的性質進行分析，從而發現新的政策方案和解決途徑。

一九五一年，美國出版了拉斯威爾與冷納（Lasswell and Lerner）的合著《政策科學：範圍與方法的新近發展》，標識著政策科學（Policy Science）／政策分析的產生。

政策科學是用於解決社會問題，特別是解決那些結構和關係都很複雜的社會問題的工具。亦即以制訂政策規劃和政策替代方案為焦點，運用新的方法對未來的趨勢進行分析的學問。同時，作為一門學科，公共事務管理者需要用政策分析，來設法尋求解決公共問題的最佳政策。

理解公共，管得有理

政策科學的分析中，常常會用到以下三種工具：

(1) 作業研究：又稱運籌學，是用建立數學模型和統計的方式，去處理眾多現實中複雜的公共問題，盡可能得出最好的解決方案。作業研究在實務中，可以用來提高公共事務的管理效率，對公共事務內部、外部的先後順序進行排列組合。

(2) 量化分析：又稱定量研究，可用來對公共事務進行系統性的測量。包括對量化資料以數學的方式表示，並與過去自身的經驗作對照。此過程包括收集歷史資料，對資料作出篩選、分析，最後得出分析結果。

(3) 成本效益分析：簡稱 CBA，通過不同專案的全部成本和效益來評估各項目的價值。成本效益分析是一種經濟決策方法，尋求投資決策上如何以最小的成本獲得最大的效益。可用在評估公共事業專案的價值。

▌定錨效應，社會新鮮人好薪酸？

二〇〇八年全球金融風暴、國內失業問題嚴重，政府為促進大專畢業生就業，行政院提出「振興經濟擴大公共建設投資計畫」。

立法院通過「振興經濟擴大公共建設特別條例」第十條第一項規定：「為提升學術研究水準、培育及延攬優異人才、累積文化知識資本，中央教育主管機關得依本條例擬訂擴大公共建設投資計畫之專案計畫辦理。」

於二〇〇九年四月至二〇一一年九月間，由教育部分兩階段

實施的就業補助方案「大專畢業生至企業職場實習方案」（俗稱22K），是由各大專院校協助畢業生與企業進行媒合，媒合成功後，實習員可至企業實習一年，實習期間生之薪資（每月 22,000 元）及勞健保費用（每月最高 4,190 元）由教育部特別預算補助。

由於第一階段政府補助額高達 26,190 元，又沒有要求企業額外增加薪資，因此許多企業都直接以政府補助額實施，而未額外增加薪資，26,190 元當中，包含原本應由企業負擔的勞、健保費用，實習生實際可領取的薪資為 22,000 元，此金額雖高出當時台灣基本工資 17,280 元，卻低於當時大專畢業生平均薪資。

該方案實施後，出現許多企業在聘用大專畢業生時將薪資訂在22,000 元，而主計處的「受僱就業者每月主要工作之經常性收入」統計，在二十至二十四歲，相當於一般大專畢業生的年齡層，二〇〇八年五月方案實施前為 24,313 元，二〇〇九年方案實施後則只剩下 21,685 元，似乎也顯示出方案實施及金融海嘯造成的薪資影響。

另外同樣由主計處公布的「名目及實質平均薪資」，二〇〇九年創下十三年新低，也被認為與此方案有關。原先政府的 22K補貼政策立意良善，初衷雖好，卻忽略了行為經濟學裡的定錨（Anchoring）效應，成為薪資停滯的代罪羔羊，造就一個雙輸的政策。

臺灣勞工陣線秘書長孫友聯說，當時政府要求企業至少以22,000 元月薪僱用大專畢業生，企業每聘一人補助一萬元，讓就業薪資出現 22K「破盤價」，連帶使青年近年薪資無法提升，造成青年貧窮化。

此外，政府支出高額補助，雖然對於當時的失業率有所改善，但根據審計部提出的「一百年度中央政府振興經濟擴大公共建設特別決算審核報告」，該方案二階段之聘期屆滿後，平均留用只有12,933 人，占平均總媒合人數的 40.49%，並不算高，對長期失業率

助益有限。工作內容上，大多企業在此方案所聘的人員，屬於業務助理工作，對於原始方案目標的「縮短產學落差」，也幾乎沒有助益。面對如此失控的專案，該有的政策分析哪裡去了？

過去，政策制定多著重在經濟和技術上的理性。由於只著重於這兩個面向，政策科學的應用一直較為扁平，無法得到豐富。

如今，政策制定需要多注重政策價值觀和政策倫理的研究，需要以更廣闊的視野，敏銳地捕捉到社會的快速變化，及時作出反應，吸納更多要素，使政策能夠更加豐富、完善。

第二節

國境之南，
黯然失色的墾丁春吶

區域分析的公共價值，在於透過對區域發展的自然條件、社會
條件，及它們對區域經濟發展的影響進行分析，深入探討區域
內部各自然、社會要素彼此之間，和區域之間的互相聯繫。

▌區域、跨域分析，蘊含的公共價值

區域是地球表面的空間單位，它是在地理差異的基礎上，按照
一定的目的，根據不同的指標和方法劃分出來的。有些區域的邊界
是明確的，如國界、省界，有些則是可變的，每個區域都有自己的
獨特性。

區域分析可以用於處理區域事務的各個面向，例如經濟結構轉
型、自然災害防治、區域的發展條件及方向分析等等。在進行區域
分析的過程中，必須考慮到經濟、社會和生態環境三大面向，以三
者綜合效益的考量，作為區域發展分析中的判斷標準。

以區域的發展條件及方向分析為例，透過對區域的自然條件及
社會條件進行分析，明確區域發展的基礎，評估區域的發展水準，
考察區域發展現況，揚長避短，因地制宜，重新調整和確立區域的

發展方向，優化區域經濟結構，提升區域競爭力。

運用區域分析，可以合理規劃區域產業結構調整，使城市周邊地區接收產業，促進區域產業分工與合作。運用區域分析，透過合理調配，使資源輸出地化自然資源優勢為經濟優勢，資源輸入地以經濟支出獲得充足發展動力，優勢互補，促進區域發展。

區域科學，即用各種計量分析和傳統區位分析互相結合的方法，探討特定都市、鄉村或地區所具有的特定議題。簡單地說，就是針對區域的公共事務需求，擷取並調和各學門的理論基礎，擬定解決問題的框架。區域科學圍繞「人口－資源－環境－發展」這一主線，涵蓋了區域事務的各個方面。

傳統區位分析，主要關注區域經濟發展的面向，透過分析區域的經濟基礎（例如腹地狀況、產業基礎、產業結構與產業發達程度）、資源（豐富程度和配套狀況）、市場（距離遠近、發展程度）、交通（便捷性與可及性）、勞動力技術（數量與素質、教育與科研機構多少）、政治（政策、行政中心）、軍事、歷史等條件，評價區域發展經濟的優勢條件和限制性因素，從而確定區域產業發展方向。

跨域分析中，有關「跨域」（Across Boundary）的定義，通常係指兩個或兩個以上的組織、部門或地區，因其管轄權或行政區劃，在彼此的業務、功能交界重疊之處逐漸模糊不明，而產生權責不分、無人管理或跨界（Cross-Cutting）問題的發生，因此導致個別公部門的能力不足以回應。

為了要解決這一類難以處理的問題，希望透過上述治理的途徑，藉由協力（Collaboration）、社群（區）參與（Community Involvement）、公私夥伴（Public-Private Partnership）或協定（Agreement）等多種方式，解決跨域性問題與事務。

▌國境之南的未來

恆春半島位於臺灣本島最南端，因四季如春、地形特殊，使其生態環境、地理景觀及文化底蘊自成一格，是國內外知名的度假旅遊勝地，近年更因為電影《海角七號》、《少年Pi的奇幻漂流》、《痞子遇到愛》等及偶像劇《我在墾丁天氣晴》、《遇見幸福300天》、《轉身說愛你》、《波麗士大人》等劇組的取景拍攝，吸引眾多朝聖的粉絲前往，使「前進恆春半島」成為最夯的旅遊活動。

> 鎮長：「現在時代進步了，要有國際觀，要有地球村的概念。」
> 洪國榮：「什麼地球村？啊？你們外地人來我這開飯店、作經理，土地也要BOT，山也BOT，連海也要給我BOT！為什麼這麼美的一片海，卻被飯店圍起來？」
>
> ～節錄於《海角七號》電影對白～

簡單的電影對白，卻道出了墾丁國家公園的美麗與哀愁。墾丁國家公園，是恆春半島觀光旅遊車潮人潮最密集的區域，也是眾多投資者爭相進駐開發的旅遊市場。

二〇一三年，驚爆墾丁悠活渡假村違法經營十五年一案，使國家公園土地開發議題備受關注，連帶墾丁大街、民宿、水上活動設施等未合法使用情事，再度浮上檯面引發各界討論，面對外界輿論及內部既存已久的發展課題，未來應如何保有國家公園設立精神使命，以及兼顧觀光旅遊產業發展需求，儼然成為地方政府與國家公園管理處的一大考驗。

除此之外，長期受到交通系統與觀光資源分布影響，恆春半島其他鄉鎮地區發展不如國家公園及其相鄰地區佳，且人口外移、產業凋零、建設停滯等，已成為鄉鎮發展普遍存在的課題，不僅形成半島的空間發展失序，區域發展也產生嚴重失衡現象，面對全球化競爭浪潮及永續發展的趨勢，國境之南的未來，在哪裡？

　　為解決恆春半島行政區內地方資源不足、以及區域間建設不易協調或配合的問題，進而謀求整個區域資源的更有效配置，達到更大的發展成效，符合「柏瑞圖改善（Pareto Improvement）」所揭櫫的提升社會整體效用的同時，不應損及任何一人的效用，不應減損環境正義。

　　藉由「柏瑞圖改善」之發展理念，將空間發展計畫進行調整及整合，在不減損環境正義、遊客總量與觀光產值的前提下，創造半島之環境保育、觀光產業及土地利用均衡發展的目的，同時改善半島地區的土地閒置、非都市土地具觀光潛力地區，未能有效利用發揮觀光旅遊價值、觀光人口過度集中於墾丁國家公園地區，導致生態失衡等問題，使區域經濟與區域環境的效益只升不降。

理解公共，管得有理

《柏瑞圖改善（Pareto Improvement）》－無人受損有人受益

柏瑞圖效率（Pareto Efficiency）亦稱為柏瑞圖最適，是經濟學的重要概念，並且在博弈論、工程學和社會科學中有著廣泛的應用。柏瑞圖效率是以提出這個概念的義大利經濟學家維弗雷多·柏瑞圖（Vilfredo Pareto）的名字命名，他在關於經濟效率和收入分配的研究中使用了這個概念。

柏瑞圖效率是指資源分配的理想狀態。假定固有的一群人和可分配的資源，如果從一種分配狀態到另一種狀態的變化中，在沒有使任何人境況變壞的前提下，使得至少一個人變得更好，這就是柏瑞圖改善。柏瑞圖效率就是不可能再有更多的柏瑞圖改善的狀態；也就是已達到所有人的最適狀態。

▊ 突破區域盲點，實現公共利益

　　區域科學的公共價值，在於深入探討一個區域體相互依存的經濟、社會和政治結構。區域科學的目的，也是為解決區域特有的公共問題，而建立一套科學方法。過去的治理主體，強調國家或地區，因此過去的區域分析更多的是行政體系自上而下的統一規劃，偏重經濟層面，理論和實踐扁平化，地方缺乏能動性。

　　如今，區域重要性提升，地方自主性增強，公共事務管理者需要具備「區域視角」，自發地關注到區域內的事務，這使得區域科學的內涵和外延需要與時俱進，多面而立體，以適應公共事務的新趨勢。

　　公共事務管理的目的，是為了實現公共利益。公共利益既是公共事務管理的根本目的，也是公共事務管理的本質要求。在區域科學中，權力不僅是決策執行過程中必不可少的要素，也是公共事務管理者改造區域的必要手段。

　　過去，區域科學在公共事務管理中，主要運用於行政效率、政府效能與區域創能。運用區域科學的概念，可將人力、物力、財力和時間及其他各種資源整合，並加強各級政府機關垂直與水平層級的網路連結，以達到行政效率的最大化。

　　區域與跨域分析，不僅落實在行政區域間，同樣也體現在國家公園與該相鄰鄉鎮市。例如太魯閣國家公園與新城鄉的跨域合作，係以遊憩帶的概念連結新城與太魯閣，希望未來透過區域治理模式，共同推動地方觀光旅遊發展，以達到資源整合創造區域土地加值、跨域合作創造共同效益等目標。

　　經由區域治理、跨域合作的過程中，解決區域內地方資源與建設不易協調或配合的問題，已是必然的趨勢，以實現區域經濟均衡發展的目標。吳濟華、柯志昌（2007）指出，區域發展與跨域治理的理由，應該另由空間規劃效率與公共經濟學的觀點加以探討，此

觀點分述如下^{註1}：

（1）跨行政區域的公共建設：公共設施具有不可分割性 （Indivisibility）

所謂的不可分割性，係指公共設施乃為全體國民所共享，無法分割個別單元或提供個人獨享。公共設施依服務範圍的不同，可分為地方性公共設施與區域性公共設施，主要為滿足地方居民及全體國民之住行育樂的需求。

隨著都市成長與國民對於生活環境品質的要求，許多重大公共建設已非是提供地方性的服務，是以滿足區域性需求為首要，故已不宜單一的縣市範圍來提供，而是以整體效益為考量，由次國家層級（Sub National Level）或區域層級來提供。

（2）政策議題的跨區域特質：空間連續性 （Regional-Wide Continuity）

多數的政策議題皆涵蓋多個縣市範圍，例如產業發展、交通建設、河川流域、水資源、空氣汙染及疾病管制等，在空間上具有跨域性的特質，無法依行政範圍進行清楚劃分，故地方政府必須跳脫舊有、立足在資源上競爭的治理模式，而是要朝向區域治理、跨域合作的模式，以有效處理日益增多的類似議題。

（3）生產公共財的規模效益：公共設施的規模經濟（Scale Economy）

第三個原因，在於資源的整併與發揮最大效益，全球化的時代，都市的發展無法脫離世界體系的連結，但都市的投資與建設項

註1
吳濟華、柯志昌（2007），高屏區域治理機制建構之研究－都會發展憲章之探討，高雄市政府研考會委託研究。

目，往往具有最小的規模成本，為了達到公共設施的規模經濟，必須有效的集中資源在最有利的地點，以發揮最大的乘數效果。資源整併也可以減少交易成本，以及城際之間競爭所負擔的額外成本。

（4）都市經濟活動外溢效果內部化（Internalize Externalities）

都市活動的發展導致經濟活動的過度集中，同時也產生許多不經濟的波及影響，如市中心的垃圾產生與空氣污染對鄰近縣市的衝擊。因此，都市的機能必須合適的分布在空間上，形成空間之功能分工，但都市機能之分布，無可避免的會產生不利於地區發展的外部性，這些外部性如果不予以處理，往往形成鄰近城市間的矛盾與衝突。

區域治理，能有效將此外部影響予以內部化。都市之間應該扮演不同的角色，核心與地方的區分不在於權力上的差異，而是資源共享，共同在生產、生活、生態中扮演各自的角色。

（5）區域競爭優勢（Regional Competitive Advantage）

區域的跨域合作，是創造一片治理的藍海，而避免在原有的紅海中競爭，使得資源的使用產生重複以及無效率的現象。目前許多治理困境，多為一個縣市無法單一解決，藉由區域治理的合作方式，拋棄過去以本位主義彼此競爭的角度，思考合作是否能夠創造更大的利益。

跳脫本位主義的思考模式，並非拋棄在地民眾的選票支持與期望，而是尋求合作之後，能夠具有更好的環境，產生更大的民意支持。

第三節
白海豚轉彎？
國光石化危機與轉機

專案分析是一個非例行且特殊的任務，目的是創造出一個獨特的產品，或對某個問題做出明確的結論。任務的特殊性、時間的排他性，和利益的衝突性，是專案的特徵。

▌運籌帷幄，仰賴專案分析和判斷分析

專案團隊，通常由跨部門、跨技術領域的人員組成，不同成員負責不同的專業技術或行政協助，專案團隊的成員，來自不同的領域和部門，彼此之間可能並不熟悉、瞭解，默契程度也很有限。因此，要有效率地整合團隊並按時保質地完成專案，就需要仰賴專案管理。

由於專案團隊的成員不同、管理方式不同，各個團隊可能做出不同的專業判斷與決策。因此，即使給予相同的時間、資源和目標，各個專案小組對某專案的最後結論未必相同。專案完成後，要提出檢討與分析，透過分析找出可能存在的問題，作為下一個專案的借鏡。

公共事務管理要解決的問題包羅萬象，不是所有的事情都只要透過 SOP 就能解決。因應不同狀況，需要成立與狀況相對應的團隊，

通過暫時性的投入，設法快速解決當前問題。

以應對颱風為例，每次颱風來襲都會給某些地區帶來相當大的災害，此時政府設立防颱專案的時機、人員、執行力等，都是決定這個專案效果的要素。面對當今社會越來越多的突發狀況，專案分析可以提升應對能力，爭取應對時間。隨著專案分析數量的增加，通過建立專案分析資料庫，從過去的經驗中汲取靈感，管理公共事務也能更加得心應手。

判斷分析，由熟悉公共事務管理運作的專家，透過豐富實踐經驗和綜合判斷能力，對公共事務決策綜合分析研究後，做出效果預判。

（1）意見彙集法：又稱主觀判斷法，是由熟悉公共事務管理的專家，根據其多年的實踐經驗集思廣益，分析各種不同意見，並對之進行綜合分析評價後，所進行的判斷預測。

（2）德爾菲法：又稱專家調查法，是一種客觀判斷法。主要是採用通訊的方式，通過向見識廣、學有專長的各有關專家，發出預測問題調查表的方式，搜集和徵詢專家們的意見，並經過多次反覆，綜合、整理、歸納各專家的意見以後，作出預測判斷。專家們彼此之間不能互相通氣，才能使結果客觀。

（3）專家小組法：是一種客觀判斷法。先由各有關方面的專家組成預測小組，通過召開各種形式座談會的方式，進行充分的調查研究和討論，然後運用專家小組的集體科研成果，作出最後的預測判斷。

（4）模擬受眾綜合判斷法：先請各位專家模擬成公共事務所涉及的各種類型的社會群體，通過比較各種決策對各個社會群體的影響，然後把這些意見加以匯總，形成一個決策預測。

■ 轉彎的白海豚，哭泣的人民

近年來，國內最受爭議、最受矚目的科技／環境專案議題，莫過於「國光石化廠開發案」。

一開始這個科技／環境專案議題並未受到社會上太多的關注，後來卻在許多行動者聯手出擊下，使得這一起地方性抗爭，擴大為全國性串聯抗議力量，最後在二○一一年四月時戲劇性地結束。

這起事件的停建結果，被譽為是公民力量的最大展現（朱淑娟，2011）[註2]，創造了臺灣環境史的奇蹟（何明修，2011）[註3]。

彰化西南角，長期被認為是偏遠貧瘠、風頭水尾一個沒有發展潛力和希望願景的地方，所以過去彰化縣政府、在地部分的民代和鄉長才認為需要工業大開發來扭轉彰化芳苑鄉、大城鄉擺脫窮困的宿命。

因此，從二○○三年開始進行的大城工業區規劃，到國光石化二○○八年確定以大城和芳苑海岸為開發區位，就是要把彰化西南角從貧窮老化的農漁產業和社區，脫胎換骨成為石化重工業的新市鎮。然而，真的是這樣子嗎？

濁水溪口經過千百年來的堆積，在彰化海岸形成全台灣最大河口濕地生態系統，孕育豐富的生物多樣性以及沿海淺海捕撈養殖業。因此大城鄉、芳苑鄉等彰化西南角並非沒有發展，彰化縣政府在二○○二年接受環保署的委託，執行的一份「彰化縣永續發展規

註2
朱淑娟（2011年4月24日）。〈國光石化停建 公民力量的最大展現〉，《環境報導》，2011年4月24日，取自 http://shuchuan7.blogspot.com/2011/04/blog-post_23.html

註3
何明修（2011）。〈反國光石化運動創造了台灣環境史的奇蹟〉，《阿孝的生態日記》，取自 http://blog.xuite.net/treetoad/blog/44649959

劃報告」，關於彰化西南角的發展願景，就是以「高優質、高附加價值的農漁產業」帶動地方的發展。

其中幾場座談會上，與會委員也提議彰化海岸濁水溪口濕地，應該列入世界重要自然遺產，也成為當時會議的結論。濕地本身的存在，具有自然系統穩定、糧食生產安全、休閒教育科學研究功能等，可使用的年限是千年以上的生命週期。但是國光石化產業的生命週期，卻只有數十年不到百年的產業發展未來，如此短暫的價格，怎麼能夠取代長期永續的利用來的有意義呢？在環境成本上的效益分析，根本無法與濕地相比。

至於社會成本的分析，當濕地功能和價值被轉化為石化產業，根據中興大學環工系莊秉潔老師對於國光石化開發之後，所增加排放的細懸浮微粒，對於台灣國民的健康所造成對心血管疾病與肺癌增加，造成壽命天數減少，並增加的死亡成本 30 億、門診住院醫療成本 76 ～ 255 億，以及空氣污染、水污染造成農漁業產值減損 56 億之損失，增加之溫室氣體排放社會成本 192 ～ 384 億，水資源流失造成地層下陷每一公分 60 ～ 240 億的社會成本，以及濕地每年願付價值 66 億、白海豚保護願付價值 60 億來計算，估計國光石化每年造成的社會成本損失高達 540 ～ 1091 億（陳吉仲，2010）[註4]。

國光石化開發本身，所創造之就業機會與產能產值，每年估計其實只有 529 億的價格收入。但是社會與環境成本的損失高達540 ～ 1091 億，以最低的 540 億來計算，如果我們同意國光石化開發，那麼國光石化每年必須先提出 540 億的經費，來彌補社會與環境成本的損失。

如此，國光石化每一年就先賠將近 10 億元，國光石化公司根本

註4
陳吉仲（2010 年）。〈國光石化之社會成本計算〉，取自 http://www.taiwan921.lib.ntu.edu.tw/KKPT/KKE07.html

不可能接受，也就是說，**過去所謂的賺錢企業，其實是將環境成本外部化，將開發所造成的社會問題與環境破壞，由全民來共同承擔。**

如果要開發公司將社會與環境成本內部化，國光石化的開發根本不會賺錢。這就是長期以來對於經濟發展、價格衡量價值的迷思，如果把環境與社會成本的價值，予以相當的貨幣化來計算，才能夠知道，過去為了看到眼前短暫的經濟、金錢數字，卻忽略了環境維生系統與生活品質、健康安全等沒有被貨幣量化的價值。

最後的經濟發展，只圖利了少數的財團，讓全民承擔一切開發的汙染與破壞的後果，這就是沒有環境公平正義的開發。

理解公共，管得有理
外部性（Externality）

是指一個人／個體經濟單位的行為對社會或者其他個人部門造成了影響（例如：環境污染）卻沒有承擔相應的義務或獲得回報，亦稱外部成本、外部效應或溢出效應。

這種外部效應有時產生有利影響（教育和安全提高社會生產力），有時會產生不利影響（污染和犯罪降低社會生產力）。我們可以按照外部效應產生的影響不同，把外部效應分為外部經濟和外部不經濟。

外部經濟（正的外部性／外部利益）：人們的經濟行為帶給別人的好處，自己卻未享受到的部分。通常是指有益外部性商品的生產。這類商品的生產會對社會和環境產生的正效應（如教育和安全）。

外部不經濟（負的外部性／外部成本）：人們的經濟行為帶給別人的成本，本身卻未負擔的部分。通常是指有害外

部性的商品。這類商品的生產會對社會和環境產生的負效
應（如污染和犯罪）。

假設私有產權清楚確立，交易費用低至某一水平以及國
家政府給予一定程度上的補貼或政府干涉，外部性將不
會存在。

▌牽一髮動全身，找尋最佳平衡點

現今社會最大的危機，就是價值觀的扭曲與窄化，我們把經濟
發展的選項和想像，寄予這些短期高獲利、高排碳、高耗能、高耗
水、高污染的產業上，總以外地眼光和短淺價值，判斷地方整體的
好壞，企圖以經濟發展的迷思，企求改變、斬斷當地的社區和土地
海洋的關係，卻忽略了當地既存幾百年的農漁產業的尊嚴和價值，
以及對待土地生命的態度和倫理。

什麼叫做永續發展？在經濟發展的思維下，似乎就是不斷的開
發蓋工廠，達到經濟成長賺更多的錢，這是完全錯誤的概念。

所謂永續發展，就是「滿足這一代人的需求，不會掠奪下一代
人滿足他們需求的權利」，也就是符合世代公平正義的資源利用，
當我們這一代人已經滿足的經濟發展，就不需要資源過度利用，只
為賺取額外的利益，剝奪下一代人使用地球資源的權利。

國光石化開發案，預定於濁水溪河口北岸濕地填海造陸，而中
華白海豚協會表達抗議，聲稱此開發案會阻斷白海豚洄遊路徑，危
害僅存不到一百隻白海豚的生存空間。

對此，當時行政院長吳敦義接受記者訪問時表示：「白海豚保
育議題，已指示經濟部必須納入學者專家進一步詳細研究，因研究
報告指出，白海豚有牠游水的路徑，是會轉彎的，也可能藉由行為

訓練引導的方式來穿越。」^{註5}

　　價格是物品相對於貨幣比例的指數，也就是說價格只有存在於當物品有被交易或是利用之後，產生的交換指標。然而，自然價值，很難以貨幣比例指數來換算或是交易，變成價格貨物商品。

　　在經濟工業資本化的社會觀念中，價格常常成為衡量價值的唯一指標，透過價格的販賣與交換機制，反而常常把有價值的物品，用便宜的價格給販賣，因為不清楚該物品的價值之後，在短視近利下，輕率的決定其價格。

　　以國光石化開發案預定地的濁水溪口濕地，彰化芳苑大城一帶的濁水溪口濕地，是台灣僅存最大單一面積的河口泥灘濕地。濕地的存在，孕育了牡蠣養殖、淺海捕撈，當我們眼光所看到的濕地價格，就只看到短淺的農漁產品貨幣化，每年也許只有寥寥的幾千萬到幾億的價格。

　　所以，國光石化開發被認為可以創造千億以上的產值，我們就被價格高低所蒙蔽，認為石化業的產值高於濕地提供的農漁產品貨物價格。理所當然的認為，為了創造經濟成長、就業機會，濕地就應該被填掉，開發變成石化工業區。

　　這樣的價格化迷思，長期以來影響著中央政府、地方政府、基層民意代表的價值判斷，卻往往忽略掉濕地存在本身，無法被貨幣量化的價值，也就是濕地對於人類維生系統、生態系運作平衡、休閒遊憩教育和科學研究等價值，幾乎沒有納入貨幣價格化的決策思維中。

　　人類的社會系統結構是「多元」與「公共」的，現代公共事務

註5

《蘋果日報》（2010 年 07 月 08 日）。〈吳揆：白海豚會轉彎避開〉，http://www.appledaily.com.tw/appledaily/article/headline/20100708/32644808/

的問題來自多元化社會，「公共價值」與「公共利益」不能再以政府為單一主體給予判斷及確定，必須採取「多元整合」觀點，才能避免「判斷」成為「專斷」。

公共事務管理的複雜性，在於公共事務存在跨越經濟、政治、社會等領域，各種因素彼此互動與回饋，牽涉時間與空間的延展、定性與定量的交錯、流量與存量的相依，以及個體與群體的衝突。

公共事務中的多重目標、多元價值和多方群體，主觀判斷、價值判斷和事實判斷彼此互相交錯衝突，因此需要由多方進行決策。公共事務的推動，除了必須面對利害關係人之間的歧異和對立外，還需要面對專家判斷和民意期望之間的落差。

因此，敲定公共事務的方案，需要具備相當的技術及政治判斷。在擬定公共事務的方案時，必須考慮問題中各種因素之間的互相關聯與整合。企圖用單一方案解決公共事務中的問題，可能牽一髮而動全身，引發整個社會系統的不良反應。

Chapter *10*

追求幸福，
必先警醒公共生活

全球化超界、跨域和連動的本質，造成「跨」的
必然；疆界並非剷平了，只是模糊隱藏，各種陷
阱衝突變多了；生活似乎有「跨」不完的無力感。
如果「跨」的必然，變成無止盡的連結活動，進
而讓美麗的雄心變成侵奪的野心；那麼這將會產
生心神和資源的無止盡耗損。

導 言

公共事務管理的趨勢發展與「全球化的驅動」、「民主化思潮」、「現代化誘引」、「後現代主義情結」、「都市化迷思」和「網路化崛起」，產生密不可分的關係。

作為一位公共事務管理者，我們唯有「警醒超越『跨』的必然」、「謹慎『微』的力量」、「善用『創』世代的動能」和「展現『根』的抓地實力」，在這四個面向上，警醒深耕自己的城市、社區、區域和在地。

▌弭平世代跨距，超越「跨」的必然

全球化超界、跨域和連動的本質，造成「跨」的必然，疆界並非剷平了，只是模糊隱藏，各種陷阱衝突變多了，生活似乎有「跨」不完的無力感。如果「跨」的必然，變成無止盡的連結活動，進而讓美麗的雄心變成侵奪的野心，那麼這將會產生心神和資源的無止盡耗損。

在公共事務領域中，「跨」的必然象徵願意整合創能、願意在地連結和願意寬恕祝福，那麼「跨」就不再是辛苦和耗能。

事實上，這個社會仍存在各種長短不同的「跨距」和高低不同的「跨欄」，催逼我們必須進行多元對話、協力合作、團隊建構和網絡治理。

面對這個「跨」時代，我們在生活中需要表現出「跨」的心智、「跨」的能力和「跨」的超越，否則個人或組織所自我期望的成就將難以實現。我們必須學習賞識及透視不同的「跨距」與「跨欄」；在接受它們的同時，嘗試從容地飛越和超越；透過健康的心智模式、整合的作業能力以及包容性強的吸引力，去擁有「跨」的質感與美感。

▌「微權力」的崛起，謹慎「微」的力量

全球化趨勢、網際網路世代和生物科技發展，帶給個人和個體有更多的機會、管道和體力去展現「微」的力量，並見識「微」力量在世界各地的建設性和毀滅性行動。

《微權力》（Moisés Naím 著，陳森譯，2015）這本書陳述了政治權力的演變，正在改變世界的互動方式和治理模式；每個人透過多元的全球治理行動，也可以獲取不同的「微」權力來改變世界。

「微權力」的世界超連結已漸漸解構傳統的社會體制；甚至可以推翻失能政權和擊潰壟斷事業；並展現創新開發市場的勇氣，不畏於承擔解決社會問題的責任。

人類若無法善用這種「微權力」的力量，而有自我約束的紀律，那麼將對公共領域產生「唯我獨尊」的裂解破壞，「偽贗主張」的社會混亂和「危險恐怖」的安全破口。

「微」的力量正在引領這個社會，但也在肢解社會的合一（Unity）和團結（Solidarity），形成自走炮式的破壞力量。公共事務管理者絕對要謹慎、警覺、儆醒；表現公共靈性的正直美感。

▌ 開創新時代，善用「創」世代的動能

這個世代比以前任何世代更講求創新、創意、創業和創能；「創」並不必然是年輕人的專屬，它已是代際互動的新能量；「創」象徵一個國家的軟實力，也是社區生命力和活動吸引力的聚焦。

《創新台灣》（中央通訊社編，2014）這本書多元呈現台灣在農業、文創、科技、傳產和公益活動等各行各業，表現出來的社會創新和社會創業家精神。

這種創新台灣的軟實力，就是一種正面全新且無人能滅的社會動能。簡單而言，這個世代就是一個「創」世代，但在這種「創」的驅動中生活，毫無疑問也會令人生活緊張、精神耗損和無止盡的競逐鬥爭。

其實，善用「創」的動能就是在生活中享受別人的優域性，和展現自己的獨特性。這種情懷，將使我們在多元的世界舞台，找到自己的位置，善盡自己的職責，發揮最渾然天成的影響力；不會因為別人的創新優越而造成自己惡性的忌妒苦毒。

解決社會失業的問題，已無法單靠政府和企業來提供就業機會，而更仰賴透過「創業」來創造多元的就業機會，和在地的生產工作。因此，公共事務管理者更要有社會創業和社會創新的心智模式及核心能力；創業變成一種「社會瘋潮」，一種激發天賦熱情、社會使命，使夢想成真，讓人為社會做一件美事的新動能。

▌ 面對全球連動搖晃，展現「根」的抓地實力

高根感經濟活動及高根感生活風尚的自然流露，讓我們表現強壯的抓地力量、自明的在地特色，和無人競爭的藍海策略。

不管全球化矛盾、財團壟斷剝削和市場經濟分工法則，帶來怎麼樣的不公不義和社會崩壞；根特色、根文化、根知識、根經濟的高根感生活，仍然是每一個國家、城市和社會的基本盤。

當我們勇於與世界交流的時候，若沒有「根」的特色實力，那種交流一定成為淺碟、短暫、沒有內涵，無法贏得尊敬的活動或交易而已。

「根」，當然是象徵「在地」、「本土」和「社區」的特色，更是「自己」、「社群」、「共同體」和「公民之愛」的尊嚴展現。當根紮得愈深，並不表示我們拒絕與其它世界互動，而是要以活潑深厚的在地，豐富其它世界；這才是世界公民的責任。

活出偉大比以前更自然、更簡單、更容易。面對這種「跨」、「微」、「創」和「根」的全觀影響（GloNaCal Impacts），公共事務管理者必須重新審視自己的心智模式、天賦使命和治理責任，並以活出「公共靈性」為最正直的關鍵力量，展現「五觀心智」、「四管創能」和「三B連結」的素養和能力。

第一節
全球化的挑戰與機遇

全球化曾被喻為魔鬼化身，這種見解可能紛擾，但絕對是真實
炸彈。全球化就像一把雙面刃，銳利無比；它雖帶來更多元便
捷的生活型態，更廣闊的探索視窗，但也帶來更複雜的矛盾和
困境⋯⋯。

▋ 不容忽視的破壞力

全球化的爆發威力本質如同炸彈，其好壞善惡的影響程度，端
視爆炸發生的情境、時機和地點而定。全球化（Globalization）是超
資本主義、市場經濟、交通運輸科技及資訊傳播科技的四大颶風，
所產生的超界、跨域、連動的世界共振現象。

全球化產生了大規模生產、大規模消費、大規模傳播和大規模
參與的全球性活動，其能量和影響遍及世界的每一個地方、產業和
社群生活。一方面，我們享受著來自全世界的低價商品、優質服務、
工作機會、新聞資訊；另一方面，文化霸權、貧富差距、環境污染、
資源掠奪卻在日益加重。

全球化已帶來高衝突性、高破壞性、高矛盾性，和高剝削性的

生產方式、消費行為、資源分配和風險分擔。

「全球治理」雖提供更多元的參與機會，但也帶來開放性的威脅和危險。環境正義、經濟正義和社會正義的惡化，使大國控制小國、強者掠奪弱者和大資本併吞小資本。全球化的橫掃之勢，讓我們對其破壞力束手無策。

我們的生活無時不刻充滿剝削、掠奪、侵略、併吞、裁員和無薪假的危機。公共事務管理者將面對比以往更多元複雜的危機，例如貧富差距、公共安全、公平正義和社會風險。這也刺激全球治理的公共參與將更為多元分殊，甚至是全民運動。

▌在地行動，破除全球化魔咒

「全球化」與「國際化」的本質截然不同，因應的策略也就不一樣。在國際化（Internationalization）的潮流中，「跨」代表著拆除國界與疆界的藩籬，透過通用的標準化生產流程及產品規格，去除貿易壁壘，實現自由化。這種「跨」，似乎是一種國家社會互惠的文明善果，違反這種潮流就是落後，甚至會被淘汰。

全球化（Globalization）的趨勢中，「跨」的行為源於各種場域和領域的無止境擴大，各種非典型連結方式的無止境重組發生，各種網絡治理形式的無止境串聯，以及各種超連結介面的無止境鑲嵌。在這種趨勢中，「跨」造成了界線的重疊、模糊和虛擬，身處全球化中的每個區域、國家、地區、城市、在地、民族、族群、社群、團體和個人，彼此都能夠輕易地入侵到對方的領域中，從而產生大量無法想像的連動和無從預警的傷害。

全球化不僅產生了個人和社會的移動力、穿透力、連動性、風險性和衝突性，更轉化了全球治理（Global Governance）的新思維和新機制；這也促進了全球治理中非國家行為者區域合作、城市治理、在地經濟、社區行動、公民參與等新治理模式的發展。公共事

務管理者必須更具在地本領；以在地行動破除全球化魔咒，並以在地經濟締造社會根基。

全球化雖然充滿矛盾、衝突、風險；但同時也提供翻身機會。它使在地世界反思、檢討、學習和吸收全球化的長處，重新確立發展方向和塑造自我價值。如果全球化的進程只受資本主義和市場經濟的支配，那麼全球治理的「可處理性」將會持續惡化，經濟安全將更惡化成國家安全。

面對全球化趨勢所帶來的矛盾、困境和挑戰，世界社會這三十年來雖然將永續發展（Sustainable Development）視為共識和夢想；但韌性社會（Resilient Society）更能貼切地描繪，我們需要的是面對風險和危機的復原能力。從「永續」到「韌性」的事實和思維改變，使人類重新重視確保國家安全，以及生命財產安全，所應具備的預防性行動和復原能力。

全球化加劇社會的脆弱性，我們唯有深化不容忽視的簡樸生活、社區行動、優質治理和根感經濟，予以應戰。

▋ 高根感生活，提升軟實力

當全球化單一、龐大、迅疾地橫掃全球，「在地全球化」讓我們把目光投向在地，看到全球化給城市和在地帶來的機會。「在地全球化」不是一個虛擬的概念，它意味著用新的心智模式，觀察與因應全球化的現象與矛盾。

現在的「在地性」不是過去充滿排他、割據、保護、本位的在地性；而是雖受到全球化洗禮，卻更加確立內鍵自明優勢，及在地性區域合作和協力夥伴關係。唯有高根感生活，才能讓我們更有抓地實力度過難關。

面對過去幾十年，全球化趨勢對城市造成的負面影響和治理重挫，如財政惡質化、資源分配惡化公平正義及氣候變遷的災難風險，

城市新經濟不能再陷入傳統市場經濟的資源競爭、零和賽局、貧富差距和負債懸崖。

城市新經濟所需要考量的，不僅是製造性或貿易性的工業及商務活動，更應是城市品牌的、文化經濟的、永續發展的和在地產業的「高根感經濟」。我們同意城市經濟一定要連結全球經濟；但它更應深耕在地產業，活化社區經濟。

根經濟具有很高的在地性、文化性、公民性、生態性和公義性，它包含「土地的耕作」、「公民心智的培育」、「更永續的生產」和「更公平的交易分配」；人民生計和城市致富應展現「高根感經濟」的特色和實力。

臺灣六都兼具都市與鄉村的產業實力，城市公民和社區居民應結合在地生態文化、特色產業及人才資本，為在地創造根質感的人文魅力、就業機會及產業價值，讓城市和社區的多元資源成為生活財富及觀光魅力。唯有展現高根感經濟的城市，才能夠讓市民免於遭受全球化帶來的脆弱性，進而增加城市經濟韌性和永續發展的實力。

第二節
民主化思潮下的途徑與實踐

民主化（Democratization）係指從集權威權政治體制，轉化為
實踐人權法治、政黨政治、定期選舉、媒體自由、司法獨立、
軍隊國家化等民主機制的過程，並展現以人民為本、為人民利
益、請人民參與、由人民作主、向人民負責的精神。

▌永續民主，仰賴公民共同體

全球民主化的動力，源於人本性和普世性對公共價值、公共參
與、公共利益、公民共同體和共同未來的公共追求。民主化凝聚人
民以「共同體」替代「同血緣」；以「生活共識」替代「文化連帶」；
那是一種以公共價值和精神跨越傳統血緣文化的生活方式選擇。

民主社會是一個深具共同體本質的社會，講求公開透明、權責
分明和尊重多元。共同生活的多元群體，透過民主參與機制，建立
合作同時又競爭的關係；參與性的社會生活中，共同形塑出一個民
主的「公民共同體」。民主社會如果要永續，「公民共同體」就必
須凝聚存在。

我們雖不能武斷地將這種社會描述成一個全然理想的社會，但

一個成熟的民主社會，必然會表現出一種公民倫理的論證能力。那就是，公民會主動思考和闡述自己與政府、公權力、市場經濟、生態、土地、公共利益……之間的互動倫理，並護衛自己所堅守的價值。

民主的基礎是「公民共同體」的接納與建構。公民若希望自己渴望享受的權利能真正實現，就必須承認和尊重其他公民對自己所主張的權利。公民之間必須清楚地相互表白，願意與對方「經營共同的生活」。

這種承諾並不只於口頭表示，更需要有公民精神和公民行動的相互委身。一個與其他公民共同生活的人，豈可無知的說：我希望生活在一個可以享受公民尊嚴的民主社會，但我不願意和其他一起生活的人產生「公民共同體」的實質關係。

「公民共同體」的內涵無論是「生命共同體」、「命運共同體」或是「政治共同體」，都是透過公民意識、公民精神、公民身份、公民責任、公民社會來形塑與展現的。一個民主社會不能沒有「公」的思維、對共同體的認同和對公共利益的守護，也不能沒有公共精神的表現。

▋ 成為一位有治理能力的主人

「修身、齊家、治國、平天下」的倫理道德觀念，在一個傳統、部落式、或較為封閉的社會，或許足以成為共同生活的應對哲學。然而，一個現代、開放、和多元的民主時代，卻遠遠不足。個人除了要對自己有「修身養性」的自我約束，也必須瞭解和委身有關認同、接納和建構共同體等相關的公民素養和公民資格問題。

人民若無「公」的視野、「公」的認同和「公」的哲學，就很難具備合格的公民資格。**唯有將注重修身養性的「好人民」，轉化為注重公共利益和公共財富的「好公民」，民主才能得以鞏固和深化。**

民主政治以政黨政治為運作的基礎，但這並非民主治理的全

貌。若人民只被政黨動員去行使投票權或參與政治活動，但終其一生很少去參與公共事務，這也不該是民主治理的常態。健康的民主政治，是人民除了選舉這個手段之外，還有其他方法能夠控制民意代表，不僅能夠控制民意代表，更能夠透過多元公民參與，守護公共議程，影響公共政策。

民主社會是一個參與式的社會，冷漠的民眾及盲目的民眾都會使民主的品質降低。如柏拉圖（Plato）名言：「拒絕參與政治的懲罰之一，就是被糟糕的人統治」（徐學庸譯，2015），選舉只是民主過程中的逗點，而不是句點，人民透過市民參與和公民參與，培養自己成為一位有治理能力的主人。

▌公民參與，展現天賦熱情

民主社會的公民除了爭取自身的利益外，最重要的是追求民主的價值，認知和實踐公民在法律層面與社會層面的責任，強化自身的公共哲學，對公共事務主動表現出應有的天賦熱情。公民若不自發參與公共事務，無人會自願為你發聲。

公民參與公共生活，一方面能夠提升國家格局，另一方面能夠深化民主。透過公民群體治理能力的提升和發展，能夠共同創造和確保公共利益的永續積累。

「公共」為公民提供了除投票外，還可以對政治施加其他影響的途徑。其實，臺灣的民主還有很多可以提升的空間，強健的公民社會能夠使「良善政治」得以實現。「公民參與」是透過公民意識的覺醒，追求公共利益或共同未來為導向，影響公共政策或公共事務的公民活動。

面對紛亂政局，人民自然期待和要求「誰執政，誰負責」的簡單道理。但是，在民主政治就是責任政治的價值追求和權力制衡機制之中，我們實在無法了解「完全執政，完全負責」的民主道理是什

麼？因為，世上並沒有「完全執政，完全負責」的理想境界，那只是一種高尚理想所自編的美麗謊言。民主社會的進步在於成熟的政黨政治、正直的權力制衡、賦權的公民參與和陽光的國家正直體系。

「完全執政，完全負責」可能是一種易於明白的選舉語言，但絕非是公民應該相信的民主原理。當然，執政就要負責，取得更優勢的執政權力乃是執政者所夢想的。但是，那一種直白式，想要取得完全優勢的「完全執政，完全負責」，將使這個社會因缺乏監督制衡所帶來的公共活力，而陷入另外一種的困局。

公民參與比公民參政更廣泛，例如參加公聽會、公民會議、政策說明會、社區行動、志願服務等，都是不同層面的公民參與。透過參與式民主，公民更能夠發揮自身的政策影響力，也更能夠讓自己的生活有方向感，和對公共的生活有控制力；公民潛能能夠被開發出來，公民也能夠更有力量的做創新創造的活動。

公民參與，讓人民能夠表達自己的觀點、意志和情感，有效減少政策盲點、凝聚政策共識，提升了民眾公共治理的能力。

公共生活充滿多元論證，趨同與趨異的矛盾，少數與多數的並存，弱勢與強勢的共存，公益與私利的競合，理想與現實的妥協，短暫與永續的掙扎。民主為公共生活提供解決問題的方式；公民必須學習從公共參與中鞏固和深化民主。在民主社會中，公民對公共領域的豐富性負連帶責任。再者，如果說「自由民主是臺灣最好的屏障」，那麼活潑的公民社會，便是臺灣民主最堅實的後盾。

第三節
現代化誘發的公共靈性饑荒 ▮▮▮▮▮▮▮

「現代化」（Modernization）是一種社會變遷現象；社會從傳統農漁牧社會或前現代社會（Pre-modern Society）轉化為現代社會（Modern Society）的過程；表現科技進步、專業分工、社會分殊的特色。

▎科技定義世代，控制人際互動

回顧現代社會的演進，「跨」的本質顯現為一種對傳統科技和管理行為的超越，以及對共同未來和生活遠見的夢想驅動。以科技發展為例，科技已不是始於人性，科技變成定義世代，甚至改變人性，控制人際互動。

以現代化管理為例，過去分工合作、分層負責的方法已經不敷使用，如今更需要整合創能和價值鏈動。現代化包括經濟層面的工業化，社會層面的都市化，政治層面的民主化，觀念層面的理性化，社會組織的科層化，職場分工專業化等特色。

現代社會是一個目的聯合體，人們講求理性的法律關係，關心私利和契約，奉行個人主義；人們各行其是，人與人之間的交往變得

暫時和表面，人際關係也不再親密。現代人理性而精於算計，即使明知公共利益對於經營共同生活是有利的，卻不見得願意為它付出。

若是人人都只追求私利的結果，便是使公共生活變成一場對公共資源的掠奪競賽，有時甚至在心理上演變為「所有人對所有人的戰爭」：不管自己是否真正需要某些公共資源，只要別人擁有了而自己沒有，就是吃虧，所以自己也必須擁有。

私我主義的氾濫只會增加公共負擔，消耗公共財富，讓其他公民承擔無謂的公共成本。正因為「公」的部分發育不良，所以社會仍然「貧窮」，更不容易翻轉。

▍公共靈性，創造人我「雙贏」

公共利益不是各種不同利益的交集，也不是妥協後的共同利益。公共利益應是更高階，更寬廣，更永續和更公共的利益。

一個社會如果缺乏對公共利益的敏感度，和對理想生活的渴望感，那麼個體所在意的自我成長，也將面臨短路或遭遇破壞。一種利益如果不具有公共性、不能為更廣闊的群體所享有，並帶來自然和諧的社會秩序；那麼這種利益雖為一部分人主張，並不見得能為社會帶來什麼永續益處。

現代人在區分你、我、他時，是排他、割據、競爭和充滿本位思維的。然而，不必絞盡腦汁去佔有公共資源，因為我們本來就共同擁有享受公共資源的機會與權力。若願意改變「自己想要擁有什麼」的自私想法，才能夠「享有更多公共」的可能。

強調公共利益，並不是在要求個人犧牲自我利益；**民眾若具有公共靈性，將能夠清楚認識，隨著公共利益的增加，個人利益也將更加豐富且更有保障，這是一種利益「雙贏」。**

現代社會的流動性越來越強，無論在現實生活抑或網際網路世界，我們身邊的陌生人越來越多。無法避免要與陌生人打交道的事

實與現實，讓我們收起善意，用鐵門和貓眼保護自己，也把其他人隔絕在外。這種劃清界線、互不侵犯、明哲保身的思維和作法，似乎誤導每個人認為這將獲得了比以往更多的自主性和自由感。

在歡呼這種「陌生人社會」帶來的自由時，人與人之間相互疏遠、隔閡增加、信任缺失，每個人都越來越缺乏安全感和歸屬感。社會凝聚力下降、公共真空，我們每一日的生活充滿緊張、焦慮和不安，集體不滿足感日益上升。這些都使得我們的生活成就感大打折扣。

全球化使金融危機、核能危機、恐怖主義、全球性傳播疾病等問題日益嚴重；原子化的社會難以應對系統性的社會風險。我們在一起不是出於對彼此的理解、信任和接納，而是出於對難以應對的社會風險有所恐懼而擠在一起。我們開始意識到，私我主義的氾濫，對於改變我們的處境無濟於事。「生活共同體」的事實和「公民共同體」的訴求，要求我們必須放棄私我主義。

「公民共同體」需要建立在公民們本能的認同、習慣性的適應，和共同生活的基礎之上。然而，現代社會是一個「陌生人社會」，陌生人之間已經不認識了，要如何彼此信任、親密互助呢？親密的公民關係，就是陌生人之間關係的公民化。

因為我們都是公民，需要共同經營一種生活、共同守望一個家園來應對社會風險；所以，縱然我們對其他公民一無所知，依舊能夠以一種很自然的誠實信任關係來對待彼此。唯有建立公民共同體，使公共重新煥發生機，才能應對現代化誘發的公共靈性饑荒。

我們無法杜絕公共生活中「搭便車」的現象，但唯有抱持「我願意與你經營共同生活」的信念，才能使生活愈發愉悅，公共愈發豐富，社會愈發和諧。面對陌生人社會，我們依舊可以期待親密的公民關係。

第四節
後現代主義的反動來襲

「後現代主義」（Post-modernism）是受流行思潮和媒體霸權影響，針對現代性和現存制度的一種質疑、批判和否定；它反對傳統的邏輯中心論、二元論、確定性、統一性，以及現代化所追求的普遍、客觀、系統的理性。

▊ 後現代特徵：反思、反動、反悔情結

後現代主義強調個體、多元和主觀，認為意義存在於情境中，由個人主觀所建構和決定。隨著政治解嚴、思想解放和資訊網絡技術的飛速發展，後現代主義乘著全球化颶風，加速催化臺灣社會多元發展。

各種觀點、認同、主張、倫理相互碰撞和激蕩，在增進社會成員間彼此瞭解的同時，也帶給人民更多價值衝突和矛盾情景。後現代社會給人一種失控感，好像這個地球表面大家都對；對某些少數社群主張而言，只要言之成理就好，就會吸引民眾按讚支持；社會生活的道理似乎缺乏生命真理的導引和約束。這些都成為我們在公共生活，所必須要重新面對的難堪、反動和反悔。

傳統共同體內部的同質性高，成員們對於許多事物的看法較易取得一致的。現代化和全球移動力瓦解了傳統共同體，使個體獲得了極大的自由；隨著社會的發展，個體和社會群體也越來越多元和複雜。

在現代社會中，個體間的連結是多元、流動的組合，社會成員彼此間存在較大的差異；「公民共同體」實際上只是一種「鬆散的整合」。雖然臺灣的現代化還未發展到完全成熟的境界，但後現代的諸多特徵已經顯現。

近年來，樂生院事件、野草莓運動、太陽花學運、反課綱黑箱、大埔案、核四公投、巢運、多元成家、性別平等、人權至上、社會正義、國族認同等各種訴求，不斷引發公眾討論、爭論甚至衝突。現代的公共議題不但是「多元的公共議題」，更是呈現「公共議題的多元化面向」。我們不得不承認，社會多元有時候也是一種社會分歧，它使人們對公共議題的界定充滿紛爭，甚至導致社會生活氣氛的不安和失據。

▎不跨則「垮」？待解決的公共難題

這個社會已經眾聲喧嘩，各種聲音此起彼伏，每個人都希望「你聽我說」，並且都認為自己是正確的。或許大家只是在各說各話，並沒有注意傾聽其他人在說什麼，但這種喧嘩遠遠好過鴉雀無聲或眾口一詞；公民的觀點、意志和情感表面上可以順暢表達。

事實上，現代社會的各種價值、觀點、認同、主張、倫理和道德，可以展延成一個光譜，社會中的每個個體都會落到這個光譜的不同位置。只是由於某些社會成員佔據了社會的優勢位置，或是擁有較多的發言權，就使得某些點的聲音被放大和凸顯。

有些時候，社會輿情迫使某些「政治不正確」的聲音保持沉默；但我們的某些價值、觀點、認同和主張的沉默，並不能太簡單地進

行對錯判斷。這些都需要引起我們的注意。

從後現代主義的價值主張和生活態樣中觀察，「跨」的社會出現道德價值、專業倫理以及人際界線，發生本質上的遊移、鬆動、扭曲、混雜乃至崩解，進而併發公共治理難題。

面對這個超界、跨域、連動的世界和高崩解、高變動、高衝突、高風險的社會；後現代主義一方面讓我們從各種道德倫理、行為規範和價值取向中解脫出來；另一方面，傳統價值、確定性和穩定性的喪失也讓我們不知所措：模糊的界限令人心生恐懼，個人主義的膨脹使人各自為是，人們對現狀產生普遍的敵對和不信任。

現代社會中的個體已經彼此疏離，後現代主義又強調尊重差異，似乎和別人一樣就不「酷」，就「OUT」不入流；不顛覆傳統就被冠上「守舊」和「老派」的帽子。我們身邊的「怪咖」好像越來越多，而且成為一種為了趕上時代，就必須要耍酷的時尚壓力。

後現代主義帶給社會諸多挑戰，被強調、被合理化的差異使我們產生不需要追求意義和尋求共識的錯覺；因為什麼都是對的，怎樣都可以。當許多意義被消解，這個社會便面臨統一性的危機。舊的價值已經遠去，新的共識還未形成。

社會一方面顯現出豐富多元的樣貌，另一方面卻面臨組織鬆散化、凝聚力下降等問題。期望不同的社群之間能夠取得共識，已是老調重彈，在所有的聲音都被充分聽見之後，我們是否真的能夠擁有商討的時空，和取得共識的機會呢？

多元化的現代社會要求我們必須學會「跨」，**因為不「跨」則「垮」就沒得「誇」**；在分殊化的後現代社會，我們被迫適應那些超越倫理界限和自然定理的主張。

如今，我們的「跨」充滿被迫、失據和無奈，而且這種情勢愈

演愈烈。面對「跨」時代，我們實在無法逃避「跨」的事實和現實，唯有認清各種「跨」的本質，以及其所產生的矛盾和危險，不陷入其矛盾悖論之中，才能在這個日益多元複雜的社會，確立造物主造人的價值和使命。

第五節
城市，如何美好？
都市化的迷失和逆轉

「都市化」（Urbanization）是人口向城鎮集聚，城市範圍不斷擴大和鄉村變為城鎮的過程。除人口數量的增加外，都市化還包含該地社會、經濟、政治層面的改變，特別是市民心理層面的都市化。

城市治理需要更動態、更優質的協力夥伴關係，和更跨域協調的城市群合作。

▌ 都市化，不是提升社會的萬靈丹

都市化是一種全球現象，目前世界上已有超過半數的人口生活在城市中；城市一直被視為消除貧困和實現社會現代化的途徑。然而我們卻發現，快速、不可逆、大規模的都市化帶來更多問題；例如，空氣污染、垃圾圍城、噪音擾民、交通擁堵、住房緊張、就業困難和貧富差距等問題。

二〇一〇年，上海世界博覽會的主題是「城市，讓生活更美好」（Better City, Better Life.）。面對城市叢生的問題，我們或許應該反問：什麼樣的城市，怎樣美好？

若將 Better 作為動詞使用，這句話就可改譯成為「建設更優質的城市，享受更美好的生活」；我們把都市化當做現代化的必經之路，卻越來越發覺城市「千城一面」。當城市的歷史和記憶消逝，失去個性的城市還有何魅力？因而需要反思過度都市化的問題。

人們一直批評城市，卻不見有人離開城市。城市作為全球新生事物萌芽的搖籃和個人成長的舞臺，它仍將在很長一段時間內，作為世界地理叢結和全球社會連結的核心。城市擁有更豐富的資源、更多元的社會服務和更有希望的發展機會；但這也意味著一種更優越感的生活方式，更不公平的資源分配，更疏離感的人際互動。

近年來，城市對鄉村的馬太效應愈發嚴重，城市磁吸鄉村所有資源；年輕人紛紛湧入城市，鄉村成為城市的原料供應地和勞動力輸出地。鄉村淪為城市的附庸，其空洞化和崩壞速度日益加重；鄉村變得凋敝而缺乏生機。

城鄉之間的消費水準和生活品質，經常顯現出公平正義的流失和強烈的相對剝奪感，造成城鄉之間難以跨越的門檻。人民經常陷入貧富差距、階級對立和數位鴻溝中，形成難以跨越的惡性循環。中央政府不僅需要處理各種城市病理，同時還需要處理鄉村空洞化所帶來的社會問題。

▌城鄉的隱性「零和競爭」

臺灣的面積很小，市民間的移動很快，我們的生活圈已經跨越了縣市的範圍；因此，每個城鄉的好壞，都會對我們生活品質和休閒活動產生影響。再者，每位市民幾乎在每個城鄉中都有一些自己的親朋好友或是家族長輩；因此，任何一個城鄉或區域的均衡發展，對全國人民而言都是有利而且無害的，絲毫沒有零和的競爭關係。

從國家總體資源配置的角度出發，臺灣應該是一個最沒有紛爭且最容易均衡發展的國家。因為無論怎樣分配，只要城市經濟能夠

與城鄉特色品牌做「根連結」，就自然能夠帶動城鄉的均衡發展和創新互補，在全球競爭中展現抓地力站穩腳步。

縣市合併升級後，城鄉協調發展的問題，將繼續考驗六都的公共事務管理者。都市化本身沒有錯，但並不是所有的地方都要發展成為城市的形態，也不是所有人都必須選擇在城市生活。

我們期待城鄉只是生活型態的選擇，而不是傳統與現代的差別或生活品質的落差。我們必須透過發展高根感經濟，給年輕人創造更多留在鄉鎮和在地工作的機會，將城鄉關係轉變為良性的互依關係。

全球化讓我們成為地球村民，現代化讓我們獲得更多自由，後現代主義讓我們發現彼此的不同，網際網路讓我們和素不相識的人成為朋友。城市是一個「陌生人社會」，我們絲毫不覺得自己和陌生人有什麼關係。城市冷漠不要緊，社區營造與我無關，不認識鄰居也無所謂，還有「婉君們」在等我。

我們一度以為近者是遠者，遠者是近者，「在地性」要消失了，我們還不以為意。然而，人是社會性動物，都有愛和被愛的渴望；「生活共同體」的事實，讓城市中的人們即使失去了原生社會網絡的庇護，仍還有在地性的守望相助可以寄託。

在地性，就是抬頭不見低頭見的幾張面孔，就是救災第一時間的反應聯結，就是沒有血緣關係的人們，因為居住在同一社區而產生的熟悉感和安全感。事實上，我們越來越生活在「在地性」之中。我們需要重新認識在地社會，發現在地資源的可靠性。

▌市民，城市的主體

城市事務不只是地方首長和代議士的事，更是市民們的事；好城市會表現更成熟的公民參與，和更強的城市自主性。在公民社會

發展中，我們需要透過濃厚的公民性，散發一個社區或一座城市的特殊魅力。

市民可以從對左鄰右舍表現出願意與他們經營共同生活的友善態度開始，對自己所生活的社區產生歸屬感，進而對城市產生認同感和參與感。城市規劃應該提供給市民更多可以和其他市民進行互動的公共空間，讓市民能夠創造更多共享的生活經驗、文化價值和城市驕傲感。

「市民參與」讓每一位市民愈老就有愈多的故事可以講，因為他參與了整座城市的發展；並可以在城市發展的紋理中讓子孫看到他的影響力。愈多的「市民參與」讓城市有更多的故事；城市有愈多的故事就愈好玩，愈多人會來行旅觀光參訪。城市若沒有很多故事，就沒有發展文化資本的潛能，其觀光旅遊的吸引力就越淺碟了。

第六節
網路崛起與公共領域新生態

「公共領域」（Public Sphere）作為觀察民主化程度和公民社
會成熟度的視窗，是一種公民參與和民眾互動的開放空間或虛
擬空間概念，可以是既存，也可以是被創造出來的。

▋公民連署：各種對話的競技場

社會學家哈貝馬斯（Jürgen Habermas）認為，公民在各種型態
的公共領域中，能夠對公共事務進行自由公開的討論和辯論，並形
成一種公共輿論或公民共識的壓力，為任何公共權力行使者提供正
當性或合法性的基礎，並得以監督國家權力、政府作為和影響公共
政策（曹衛東等譯，1962）。公共領域並非一開始就是一個充分體
現公民力量的場域；事實上，公共領域是各種力量博弈和對話的競
技場。

公民在公共領域中是否佔據主導地位？公共輿論是否對國家權
力形成有效約束力、對公共政策產生實際影響力？不同社群、個體是
否擁有平等的話語權與參與權？公民能否對公共議題進行理性的討論
和辯論？這些相關問題都體現民主化程度、公共領域發育狀況和公民

社會成熟度。傳統的公共領域竟然充滿「少數」的宰制性力量。

在民主尚未到來的年代，冠以「國家」名義的獨斷性話語壟斷了公共領域的聲道。在「市場」成為準則的年代，公共領域既未完全脫離與政治勢力的關係，又滲透進財團勢力的干預。公共領域雖然存在好幾種不同的聲音，但基層公民的聲音依舊微弱。

美國白宮從二〇一一年試辦了「We The People網站」，鼓勵人民勇於參與提案和聯署，若其公共倡議通過聯署門檻，就會獲得政府採納。台灣政府的國發會於二〇一五年二月推出「公共政策網路參與平台」，提供「提點子變政策」的公民聯署方式。不管這些網站的成效如何，其設立的價值在於實踐人民就是主人、人民的聲音要被聽到；人民的意見透過網際網路能夠匯聚成為主流意見和公共政策。「We The People網站」和「公共政策網路參與平台」，就是公共政策和公共事務的思辯倡議場域，它就即時發生在你家的人腦和電腦裡。

▋ 網路，點燃行動的火把

網際網路的發展、多媒體技術的革新打破了真實與虛幻的界限；讓公共領域無止境地擴大，也徹底改變國家、市場和公民之間的關係；給予公民社會突圍的機會。

網路已成為最大的公共領域，它打破了原有社會優勢團體把持公共領域話語權的狀況，使社會大眾能夠真正表達出自己的觀點、意志和情感，也創造出公共領域的新生態。

在這個公民意識覺醒的年代，我們從「被動接受」變為「主動發聲」；或許每個人貢獻出一塊拼圖，就可以還原事實的真相。當傳統媒體被操縱時，網際網路便能成為一把祛魅的利劍，讓改變媒體環境成為一場公民自救運動。

網路，使我們的大腦不再只是一個個等待被填滿的容器，而是一支支能夠相互點燃的火把。只要能連接上網路，每個公民就都能成為媒體，個人的影響力就無遠弗屆。網路使我們在坐而言的同時，還可以起而行，它將全球的公民力量聯結，並輻射到世界的每一個角落。

公民力量透過網際網路一旦得到釋放，它便產生超界跨域連動的大規模力量。洪仲丘案，滔滔民憤在網路上彙聚，形成強大的社會輿情壓力，並推動了與時俱進的快速立法；太陽花學運，年輕世代強烈的被剝奪感透過網路迅速串聯，促使民眾不斷湧向立法院，向政府施壓強擋「服貿協議」的偷渡；而民眾對於官商勾結和政府失能的不滿，更使得二〇一四年的「九合一」選舉早早在網際網路一決勝負。

網際網路還出現了越來越多由公民自發建立的問政平臺，將公共政策的決策和推動過程公開於眾，讓公民更容易對國家權力進行監督，拓寬了民眾參與公共事務的管道，也豐富和深化了民主。

▌說話的巨人，行動的矮子

不可忽視地，網際網路同時存在很多侷限性，網路的匿名性使人們可以暢所欲言，也可以偽充高尚。網路「批踢踢」討論版上充斥著「鄉民們」大量的道德口水，眾聲喧嘩的熱鬧場面，讓網路世界充滿「正義感」。

這些力量最後大多無法投射進現實，網路使人成為說話的巨人，行動的矮子。

此外，網路一方面使遠者成為近者，天涯若比鄰；另一方面也使近者成為遠者，助長了我們對周圍人的冷漠。然而不要忘了，**四眼交匯處即是公共，過度依賴網路社交，不僅使我們失去與周圍人進行眼神交匯的能力，也降低了我們對公共的敏感度。**

網際網路自由開放、參與平等、資訊透明等特點與年輕人反叛傳統、抵制霸凌、追求公正的特質一拍即合。年輕人成就了網路的興盛，網路也極大地提升了年輕人的反抗力和話語權。年輕人被喻為天生的反對派，而任何一個健康的現代社會都需要啄木鳥。

從洪仲丘案、太陽花學運，到二〇一四年「九合一」選舉，更到二〇一六年總統和國會大選，臺灣社會再也不能小覷年輕人和網際網路結合的力量。這些連上 wifi 就像找到巨大組織力量的 E 世代，**可以接受自己的觀點不被同意，但不能忍受自己的想法被權威霸凌。**

公共事務管理者必須轉變溝通的心態和方式，可以有權威，但不能隨意使用權威。唯有真正瞭解年輕人在想什麼、說什麼、做什麼，才能跨越世代的鴻溝；真正理解新世代接受意見、批評和建議的方式，才能溝通和賞識新世代的觀點、意圖和想法。

我們絕不能低估網際網路便捷溝通和快速行銷的力量，但我們也必須要認清，網路力量背後的人際互動和公民倫理的爭議，甚至對人類心智和健康的耗能耗損。虛擬的公共領域不能替代實體的公共領域，我們終究還是要活在現實的公共中；不是實體公共生活要網路化，而是網路要更加深入實體公共生活。

唯有不被網路的虛擬性和未知性所綁架和耗能，保持友善負責的實質社交，善用天賦熱情積極參與公共生活；如此，公共領域的危險性與宰制性才能降低。

公民若能提升經營公共領域的責任倫理、友善參與和美化力量，那麼公共領域將變得更加公平、公正、公開與公義。[註1]

註 1
本章理稿助理蔡宇晴（中國哈爾濱工業大學社會學系 2012 級／台灣中山大學社會學系交換生）

參考書目

外文書籍

Duhl, Leonard J, M.D.（1995），《The Social Entrepreneurship of Change》，Pace University Press：New York.

Zahra, S. A., Gedajlovic, E., Neubaum, D. O., & Shulman, J. M.（2009）.《A Typology of Social Entrepreneurs: Motives, Search Processes and Ethical Challenges》；Journal of Business Venturing, 24（5）: 519-532.

外文翻譯

Allen, Kenn 著，黃淑芬譯（2015），《撐起大帳篷滾動大時代：全球企業志工的創能實踐》，博思智庫：台北。

Beck, Ulrich 著，孫治本譯（1999），《全球化危機》，台北：台灣商務印書館。

Frankel, Carl and Allen Bromberger 著，吳書榆譯（2014），《如何打造社會企業—以人為本的新商機，幸福經濟帶來大收益》，台北：時報文化。

Grun, Anselm 著，吳信如譯（2008），《領導就是喚醒生命－靈性化的生命力領導》，台北：南與北文化。

Goleman, Daniel 著，閻紀宇譯（2007），《SQ I-You 共榮的社會智能》，台北：時報文化。

Gardner, Howard and Katie Davis 著，陳郁文譯（2015），《破解 APP 世代—哈佛創新教育團隊全面解讀數位青少年的挑戰與機會》，台北：時報文化。

Habermas, Jürgen，曹衛東、王曉珏、劉北城、宋偉杰譯（1962）《公共領域的結構轉型》，臺北，聯經出版社

Kotler, Philip and Nancy Lee 著，郭思妤譯（2009），《科特勒談政府如何做行銷》，台北：台灣培生教育。

McDonough, William and Michael Braungart，中國21世紀議程管理中心、中美可持續發展中心譯（2008），《從搖籃到搖籃綠色經濟的設計提案》，台北：野人文化。

Nordstokke, Kjell 著，劉侃譯（2000），《服侍善工》，台北：基督路加傳道會。

Naím, Moisés 著，陳森譯（2015），《微權力：從會議室、軍事衝突、宗教到國家，權力為何衰退與轉移，世界將屬於誰？》，台北：商周出版。

Robinson, Ken and Lou Aronica 著，謝凱蒂譯（2009），《讓天賦自由》，台北：遠見天文化，第一版。

Robinson, Ken and Lou Aronica 著，卓妙容譯（2015），《讓天賦發光》，台北：遠見天下文化，第一版。

Plato，徐學庸譯（2015），《理想國篇》，新北市：臺灣商務印書館。

Pauli, Gunter，洪慧芳譯（2010），《藍色革命：愛地球的100個創新》，台北：天下雜誌。

Senge, Peter M. 著，郭進隆、齊若蘭譯（2010），《第五項修煉：學習型組織的藝術與實務》，台北：天下文化。

Throsby, David 著，張維倫、潘筱瑜、蔡宜真、鄒歷安譯（2008），《文化經濟學》，台北：典藏藝術家庭。

Volf, Miroslav 著，黃從真譯（2014），《公共的信仰—基督徒社會參與的第一課》，台北：校園書房。

中文著作

汪明生（2013），《公共價值與跨域治理》，台北：智勝文化。

林慧音（2016），《創業精神與社區發展－開創觀點下返鄉青年創業歷程探討》，高雄：國立中山大學企業管理學系博士論文。

吳英明、亞天恩（2005），《民主DNA筆記書：攜手打造一流公民社會》，台北：新自然主義。

吳英明、張其祿（2006），《全球化下的公共管理》，台北：商鼎文化。

吳英明、曾英敏、梁馨云、殷婉茹主編（2008），《社區營造學：社區營造的理論與實踐－旗津社造的經驗》，高雄市政府公教人力發展局。

吳英明、薛昭義（2009），《城市致富學》，高雄：高雄市立空中大學。

吳英明、蔡宗哲（2009），《公民城市學》，高雄：高雄市立空中大學。

吳英明（2013），《城市治理和城市新經濟的再思：2013 亞太城市高峰會議的價值創造》。城市發展半年刊，高雄市政府研究發展考核委員會發行，102 年 8 月第 15 期，頁 8-27。

社企流（2014），《社企力！社會企業＝翻轉世界的變革力量。用愛創業，做好事又能獲利》，台北：果力文化。

吳稼祥（2013），《公天下：多中心治理與雙主體法權》，桂林：廣西師範大學。

柯志昌（2014），《地方治理思維與政策工具運用之研究》，新北市：韋伯文化。

洪榮志（2016），《文化創意產業群聚活化凋敝社區的開創歷程：行動者網絡理論的觀點》，高雄：國立中山大學企業管理學系博士論文。

陳敦源（2009），《民主治理：公共行政與民主治理的制度性調和》，台北：五南圖書。

葉光明著，蕭羿滋譯（2015）《作光作鹽：產生永不止息的影響力》，台北：台北靈糧堂。

廖桂賢（2009），《好城市，怎樣都要住下來：讓你健康有魅力的城市設計》，台北：野人文化。

謝品然、曾慶豹（2009）編，《上帝與公共生活－神學的全球公共視域》，香港：研道社。

中央通訊社（2014）編，《創新台灣：40+ 夢像的創新方程式》，台北：中央通訊社。

關於作者

吳英明 講座教授

美國喬治亞大學公共行政哲學博士（1985~1990）

高雄市前金基督長老教會執事／長老（1991~2008）

樹德科技大學講座教授（2013~）

屏東縣政府縣政顧問團城鄉外交組召集人（2015~）

永達技術學院轉型改辦工作小組校長暨執行長（2014.11~2015.07）

2013 亞太城市高峰會 (Asia Pacific Cities Summit) 執行會執行長
（2012~2013）

財團法人 ICLEI 東亞地區高雄環境永續發展能力訓練中心基金會常務
監察人 (2012~2015)

台灣志願服務國際交流協會（IAVE Taiwan）創會會長（2002~2008）

台灣透明組織（Transparence Taiwan）顧問（2003~）

國立中山大學中山學術研究中心／政治經濟學系副研究員、研究員、
教授、主任（1990~2008）

高雄市立空中大學校長（2008~2012.7.31）

高雄市政府公教人力發展局局長（2003~2008）

行政院人事行政局人力資源發展委員會委員（2003~2007）

外交部非政府組織國際事務委員會委員（2000~2008）

高雄市政府研究發展考核委員會主任委員（1996~1998）

柯志昌 副教授

國立中山大學公共事務管理博士（2000~2005）
國立臺東大學公共與文化事務學系副教授兼系主任（2016~）
國立臺東大學人文學院院長特別助理（2015~）
台灣公共行政與公共事務系所聯合會（TASPAA）監事（2014-2015）
台灣公共行政與公共事務系所聯合會理事（2013~2014）
行政院公共工程委員會政府採購評選委員會專家學者（2013~）
社團法人中華民國城鄉環境規劃設計學會榮譽顧問（2013~2015）
中華大學行政管理學系暨研究所助理教授（2002~2007）
國立中山大學管理學院城鄉與地方發展研究中心執行長（2002~2007）
城都國際開發規劃管理顧問有限公司專案主持人（2005~2006）
境群國際規劃設計顧問公司專案執行（1999~2001）

國家圖書館出版品預行編目（CIP）資料

管就要管得有道理：公共參與，找到影響世界的位置 / 吳英明，
柯志昌著 . -- 第一版 . -- 臺北市：博思智庫，民 105.03
面；公分
ISBN 978-986-92241-7-8（平裝）

1. 公共行政　2. 社會參與

572.9　　　　　　　　　　　　　　　　　　　105002115

GOAL 17

管就要管得有道理
公共參與，找到影響世界的位置

作　者｜吳英明、柯志昌
文稿整理｜郭娟鳳、蔡宇晴、林軒毅、彭子芸
研究助理｜郭娟鳳、蔡宇晴
行政統籌｜莊美恩、俞海威

執行編輯｜吳翔逸
專案編輯｜廖陽錦、張瑄
文字協力｜宇涵、秋思
美術設計｜蔡雅芬
行銷策劃｜李依芳

發 行 人｜黃輝煌
社　　長｜蕭艷秋
財務顧問｜蕭聰傑
發行單位｜博思智庫股份有限公司
地　　址｜104 台北市中山區松江路 206 號 14 樓之 4
電　　話｜（02）25623277
傳　　真｜（02）25632892

總 代 理｜聯合發行股份有限公司
電　　話｜（02）29178022
傳　　真｜（02）29156275

印　　製｜永光彩色印刷股份有限公司
定　　價｜350 元
第一版第一刷　中華民國 105 年 3 月

ISBN　978-986-92241-7-8
© 2016 Broad Think Tank Print in Taiwan

博思智庫股份有限公司

博思智庫粉絲團　Facebook.com/broadthinktank